100e
TOUR DE FRANCE
Meilleurs souvenirs

GÉRARD SCHALLER

PRÉFACE BERNARD HINAULT

ÉDITIONS
PLACE DES
VICTOIRES

Auteur
Gérard Schaller

Direction artistique et conception graphique
Nelly Blumenthal

Lecture-correction
Anne Sophie Cayrey

Le Tour est jeune et plein d'avenir

Le Tour de France est encore un enfant...

Certes, célébrer sa 100e édition incite au respect. Ce n'est pas rien. Mais nous ne pouvons ignorer que le temps ne se mesure pas de la même manière pour le Tour que pour nous et nos âmes émerveillées.

Nous savons bien que le Tour nous survivra, et que lorsqu'il atteindra 200 au compteur, rien n'aura changé : il sera toujours aussi jeune et plein d'avenir. C'est un élixir de jouvence qui, chaque année, se ressource dans une fontaine magique, celle de son public, toujours passionné, jamais lassé.

Ce livre n'a pas la prétention de dévoiler tous les secrets, ni de raconter toutes les aventures de cet enfant parfois indiscipliné et capricieux, mais tellement talentueux. Il représente simplement – et c'est déjà beaucoup - l'album photo des meilleurs souvenirs de la grande famille du Tour de France, cette course, si riche en émotions et si définitivement jeune.

Bernard HINAULT

Sommaire

LE PETIT JOURNAL
HEBDOMADAIRE - 42e Année
61, rue Lafayette, Paris.
ILLUSTRÉ
19 Juillet 1931 - N° 2117
PRIX : 50 CENTIMES
TOUR DE FRANCE
CONTROLE
RAVITA
LE TOUR DE FRANCE

L'EQUIPE

100 RAISONS D'AIMER *Le Tour de France*

GÉRARD SCHALLER

Certains aiment le Tour de France parce que c'est une compétition sportive et l'une des plus belles d'entre elles. Avec sa durée, sa dramaturgie, ses héros et ses zéros. Ses vainqueurs et ses vaincus. Ou parce qu'ils se souviennent être venus, enfants, applaudir les coureurs du bord de la route.

Certains l'aiment parce que la France est belle ; parce que le saucisson attrapé au passage de la caravane sentait bon ; parce que le jaune leur va bien au teint ; parce qu'ils se sont fait des amis néerlandais sur les pentes menant à l'Alpe d'Huez ; parce que sous le soleil, les vélos brillent ; parce que les coureurs sont des aventuriers modernes ; parce que Merckx, quand même, c'était quelqu'un.

Certains l'aiment parce qu'ils conservent comme un trésor un bidon jeté par Thévenet ; parce qu'ils ont essayé une fois de gravir le Galibier ; parce qu'ils frissonnent aux sprints où s'affrontent des cascadeurs sans protection ; parce qu'ils ont vu, grâce à lui, le clocher de leur village à la télé ; parce qu'on peut être petit comme Van Impe, et y devenir un grand.

Certains l'aiment parce qu'ils ont poussé des figurines de plomb nommées Bartalli ou Coppi sur la table du salon quand ils étaient enfants ; parce que les destins de Rivière, Pantani, Ocaña ou Casartelli, c'est triste ; parce que la marionnette de Virenque aux Guignols de Canal +, ça les a fait rire ; parce que Poupou, Nanard ou Jaja, ça sonne comme des surnoms de copains ; parce qu'un maillot à pois n'existe nulle part ailleurs ; parce que c'est émouvant de voir Cadel Evans sourire ou Cyrille Guimard pleurer.

Certains l'aiment parce qu'ils ont un frère et auraient aimé être, avec lui, les Pélissier, Bobet, Petersson, Jalabert, Simon ou Schleck ; parce que la vie d'Anquetil est un roman ; parce qu'ils boivent du café de Colombie préparé dans une machine à expresso Faema ; parce qu'Indurain est sacrément beau garçon ; parce que le feuilleton de la 100e saison vaut toutes les séries américaines ; parce que Voeckler est courageux ; parce que c'est beau de voir toute une équipe travailler pour un seul homme ; parce que les tricheurs y sont punis.

Certains l'aiment finalement, parce que le Tour est à la fois un ami d'enfance et un oncle de province. Et parce que le Tour, c'est la vie. Avec ses rires et ses pleurs, avec ses mérites récompensés et ses injustices, ses joies et ses drames. Ses émotions, toujours fortes.

1903

1er Maurice Garin (France), 2 428 km en 94 h 33 min 14 s
2e Lucien Pothier (France), à 2 h 49 min 21 s
3e Fernand Augereau (France), à 4 h 29 min 24 s

Le premier départ sera donné devant l'auberge « Au Réveil Matin ».

Une véritable aventure

Il est 15 h 06, en ce 1er juillet, lorsque soixante cyclistes s'élancent pour le premier Tour de France. Six étapes, disputées de jour comme de nuit, 2 428 km à leur programme, au guidon de machines rudimentaires et sur des routes chaotiques... La course est organisée par le journal *L'Auto*, dirigée par Henri Desgrange et Victor Goddet, et voit la victoire d'un ramoneur italien de 32 ans, naturalisé français, Maurice Garin. À la moyenne de 26,450 km/h, tout de même.

Henri Desgrange et Victor Goddet gagnent leur pari. Et Maurice Garin, le Tour.

1904

1er Henri Cornet (France), 2 429 km en 96 h 5 min 55 s
2e Jean-Baptiste Dortignacq (France), à 2 h 16 min 14 s
3e Aloïs Catteau (Belgique), à 9 h 1 min 25 s

Sur le tapis vert

Comme en 1903, Maurice Garin s'impose... du moins le croit-il. Car le 30 novembre, les quatre premiers du classement final sont mis hors-course par l'Union vélocipédique de France, pour diverses tricheries au fil d'un Tour marqué par les incidents, notamment des agressions à l'encontre des coureurs. C'est Henri Cornet qui hérite de la victoire. Il demeure au XXIe siècle, le plus jeune vainqueur de l'histoire, à l'âge de 19 ans, onze mois et vingt jours.

Maurice Garin et les autres se frayent un chemin, entre carrioles et voitures.

J·C CYCLES J·C
EN 1904 257 VICTOIRES SUR ROUTE & SUR PISTE
EN 1904 14 CHALLENGES INTERCLUBS remportés sur J·C
EN 1904 LES 1000 Kilomts sont gagnés sur J·C
EN 1905 19 CHALLENGES INTERCLUBS remportés sur J·C
EN 1905 PAUTRAT gagne le TOUR DE FRANCE MACHINE POINÇONNÉE
LE TOUR DE FRANCE A ÉTÉ GAGNÉ PAR CORNET SUR
AMIENS
DIEPPE
ROUEN
BREST
TROYES
NANTES
BELFORT
LYON
BORDEAUX
MARSEILLE
TOULOUSE
J C
EXIGER CETTE MARQUE
EN 1905 283 VICTOIRES SUR ROUTE & SUR PISTE
EN 1905 TOUR DE FRANCE DORTIGNACQ arrive 1er A PARIS
24 Septembre 1905 DORTIGNACQ DANS LE BOL D'OR DÉPASSE DE 76Kms LE PRÉCÉDENT RECORD DU MONDE
EN 1906 CORNET BAT LE RECORD DE L'HEURE sur J·C
WALTHOUR. 17 COURSES. 17 VICTOIRES
J. CONTE
USINES & BUREAUX 38 RUE DES PANOYAUX

1905

1er Louis Trousselier (France), 2 994 km, 35 points

2e Hippolyte Aucouturier (France), 61 points

3e Jean-Baptiste Dortignacq (France), 64 points

Ici félicité par le comte Zeppelin, Préfet de Metz, en 1907, Trousselier a bénéficié d'une permission de l'armée pour disputer le Tour.

Trousselier très aux points

Encore des incidents causés par des semeurs de clous... Les crevaisons sont nombreuses et c'est... « Trou-Trou » qui s'impose ! Le classement est désormais établi aux points et le populaire Louis Trousselier remporte cinq des onze étapes. René Pottier lui vole un moment la vedette, en devenant furtivement leader du général au terme de la deuxième étape qui l'a vu gravir en tête le ballon d'Alsace. La (moyenne) montagne fait sa première apparition dans le Tour.

C'est au pied du mur que l'on reconnaît le champion. Ici, le populaire Louis Trousselier.

1906

1er René Pottier (France), 4 545 km, 31 points
2e Georges Passerieu (France), 39 points
3e Louis Trousselier (France), 59 points

Dans son maillot du Vélo-Club de Levallois,
René Pottier pose aux côtés de son épouse, Zélie.

Pottier
pour l'éternité

Premier des grands grimpeurs, René Pottier, 27 ans, fait la différence dans le ballon d'Alsace (où il lâche la voiture du patron du Tour) et dans les Alpes. Il remporte quatre des cinq premières étapes, puis la dernière à Paris. Mais il ne résiste pas longtemps à sa popularité : il se suicide par pendaison le 25 janvier 1907, sans doute à la suite d'un chagrin d'amour. Une stèle à sa mémoire sera bientôt érigée par Henri Desgrange, au sommet du ballon d'Alsace.

TOUR DE FRANCE
èbre vainqueur du Ballon d'Alsace ayant son monument
au sommet du Col

1907

1er Lucien Petit-Breton (France), 4 488 km, 47 points
2e Gustave Garrigou (France), 66 points
3e Émile Georget (France), 74 points

L'organisation progresse, même si l'allure des commissaires reste pittoresque.

Une merveille d'organisation

Pour la première fois, le Tour de France fait étape à l'étranger. C'est à Metz, alors allemande, que revient l'honneur de cette innovation. Un symbole de l'évolution de l'épreuve déjà sortie de l'ère artisanale : elle compte désormais quatorze étapes, réparties sur près d'un mois. Les 4 500 kilomètres de son parcours constituent un véritable tour de la France même un peu plus, avec cette escale germanique. Côté sportif, la victoire de Lucien Petit-Breton est incontestable.

Contrôle de départ avant la 10e étape, aux Allées de Tourny à Bordeaux.

LE TOUR DE FRANCE CYCLISTE CONTROLE
ORGANISE PAR L'Auto ARRIVÉE DÉPART
JARDIN
ACADÉMIE D
DE TOURNY

1908

1er Lucien Petit-Breton (France), 4 488 km, 36 points
2e François Faber (Luxembourg), 68 points
3e Georges Passerieu (France), 75 points

Même aux contrôles de ravitaillement, Petit-Breton (plein centre) se hâte.

Petit-Breton est grand

Son nom est Lucien Mazan, mais il se fait appeler Petit-Breton, un pseudonyme qu'il avait utilisé adolescent, pour cacher à son père sa pratique du cyclisme. De toute façon, pour le public, il est « l'Argentin » car c'est à Buenos Aires qu'il a grandi... Cet Argentin, devient à 25 ans, le premier coureur à remporter deux Tours de France. Cinq victoires d'étape, le (premier) Grand Prix de la montagne en plus du succès final : Petit-Breton s'est fait un nom, pour toujours.

Le Français Lucien Petit-Breton ,
futur vainqueur final,
s'impose ici au sprint à Nîmes.

1909

1er **François Faber** (Luxembourg), 4 488 km, 37 points
2e Gustave Garrigou (France), 57 points
3e Jean Alavoine (France), 66 points

Van Houwaert. 5e. F. Faber, 1er. Alavoine, 3e. Garrigou, 2e. Trousselier. 8e. Duboc, 4e.
L'Equipe " **ALCYON** ", victorieuse dans le TOUR DE FRANCE 1909

Un Tour de force

Pluie, boue, neige, vent, froid, verglas… Rien n'est épargné aux coureurs, en ce mois de juillet hivernal. Et c'est une force de la nature qui s'impose, naturellement. François Faber, 22 ans, mesure 1,78 m et pèse 90 kg. Dès le début, il écrase de tout son poids ses adversaires, en remportant cinq étapes consécutives (de la 2e à la 6e). Du jamais vu. Luxembourgeois par son père et Français par sa mère, il devient le premier étranger à gagner le Tour.

Son gabarit vaut
à François Faber
le surnom de
« Géant de Colombes. »

1910

1er Octave Lapize (France), 4 737 km, 63 points
2e François Faber (Luxembourg), 67 points
3e Gustave Garrigou (France), 86 points

Georges Abran, secrétaire général de *L'Auto* (ci-contre, au centre) suit la course de bout en bout. Et applaudira Lapize (ci-dessous).

La course prend de l'altitude

« Vous êtes tous des assassins ! », criera Octave Lapize après plus de quinze heures de route, à l'adresse des organisateurs… Il est vrai que la 10e étape, longue de 326 kilomètres entre Luchon et Bayonne, est inhumaine : la haute-montagne et les Pyrénées sont au programme et les cols de Peyresourde, d'Aspin, du Tourmalet et d'Aubisque s'y succèdent. Lapize deviendra pour l'histoire le premier vainqueur du Tourmalet (2 115 m) et il gagnera le Tour. Mais au prix de tant de souffrances…

Alternant marche et vélo, comme en 1910 dans le Tourmalet, Octave Lapize viendra ici à bout du Galibier l'année suivante.

1911

1er Gustave Garrigou (France), 5 344 km, 43 points
2e Paul Duboc (France), 61 points
3e Émile Georget (France), 84 points

Georget, dans le Galibier, est le roi des Alpes ; Duboc (ci-dessus), celui des Pyrénées. Mais Garrigou triomphe.

Une victoire empoisonnante

Paul Duboc aurait-il gagné le Tour de France, s'il n'avait ingurgité une boisson douteuse au ravitaillement d'Argelès-Gazost, lors de la grande étape pyrénéenne ? Passé largement en tête, au sommet du Tourmalet, il est soudain pris de vomissements dans l'Aubisque et perd 1 heure sur ses rivaux. Aucun doute : il a été empoisonné. Cela fait les affaires de Gustave Garrigou, le métronome : il terminera huit fois parmi les cinq premiers du Tour de 1907 à 1914.

À l'hôtel, Émile Georget se restaure, pendant que Charles Cruchon se fait masser.

1912

1er **Odile Defraye** (Belgique), 5 319 km, 49 points
2e Eugène Christophe (France), 108 points
3e Gustave Garrigou (France), 140 points

Passager d'une Pipe 28 HP de Bruxelles, Georges Abran, secrétaire général de *L'Auto* et sa barbe légendaire.

Un substitut
de talent

Pour permettre à Gustave Garrigou de rééditer sa victoire de 1911, l'équipe Alcyon décide de recruter le champion de Belgique, Odile Defraye, 24 ans. Mauvaise et bonne idée à la fois, puisque si Garrigou échoue (il finira troisième), Defraye s'impose, à la surprise générale. Il devient ainsi le premier Belge vainqueur de l'épreuve. L'écart, considérable exprimé en points alors qu'il n'est que de 7 minutes entre les deux premiers, incitera Desgrange à revenir au classement au temps.

Autour de François Faber, vainqueur en 1909, l'équipe Automoto a belle allure.

1913

1er Philippe Thys (Belgique), 5 287 km en 197 h 54 min 00 s
2e Gustave Garrigou (France), à 8 min 37 s
3e Marcel Buysse (Belgique), à 3 h 30 min 55 s

Fourche cassée, le Français Jules Deloffre en termine comme il peut au Parc des Princes.

Le Belge Thys succède à son compatriote Defraye.

Sans dessus-dessous

Le parcours innove avec un Tour dans le sens inverse des aiguilles d'une montre. Mais en allant vers l'Ouest, il semble perdre le Nord : à La Rochelle, terme de la quatrième étape, quatre-vingt-un coureurs ont déjà abandonné, et non des moindres ! Un Belge à nouveau, Philippe Thys, profite de l'aubaine. Il bénéficie d'un coup de chance lorsqu'Eugène Christophe, qui le menace, brise sa fourche dans les Pyrénées et perd 4 heures à la réparer lui-même.

TOUR DE FRANCE 1913

Édité par le PNEU CONTINENTAL

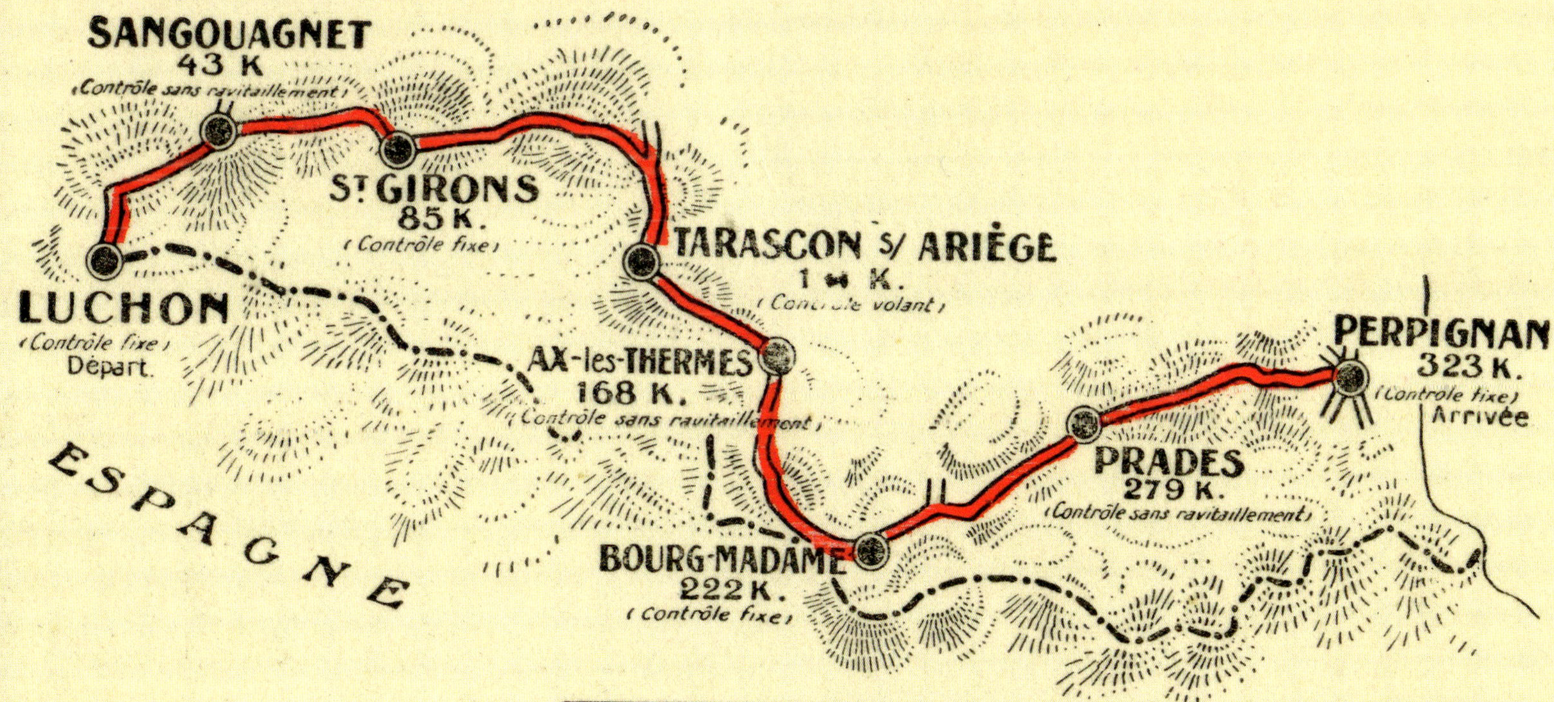

PALMARÈS :

1907..	Toulouse-Bayonne	PETIT-BRETON
1908..	" "	d°
1909..	" "	MÉNAGER
1910..	Perpignan-Bagnères-de-Luchon.	LAPIZE
1911..	" "	DUBOC
1912..		DEFRAYE

1914

1er Philippe Thys (Belgique), 5 405 km en 200 h 28 min 48 s
2e Henri Pélissier (France), à 1 min 50 s
3e Jean Alavoine (France), à 36 min 53 s

Garrigou (ci-dessus) termine 5e, sa plus mauvaise place en huit Tours. Thys, lui (ci-contre), triomphe à nouveau.

Philippe Thys récidive

L'écart entre les deux premiers est le plus faible jamais enregistré jusque-là. Il n'empêche : Philippe Thys a largement dominé la course. Il n'a tremblé qu'en raison d'une pénalité de 30 minutes, infligée à deux jours de l'arrivée pour avoir oublié de signaler une réparation effectuée sur son vélo... Mais une autre épreuve attend le peloton : la Grande Guerre, où Faber, Petit-Breton, Lapize et une cinquantaine d'autres coureurs du Tour perdront la vie.

FABER ENTRAINE UN SOLDAT

Faber resta seul depuis Raon-l'Etape, soit pendant près de 200 km. Sa moyenne fut très belle, mais ses camarades furent blâmés par les organisateurs de n'avoir pas essayé de le rejoindre.

1919

1er Firmin Lambot (Belgique), 5 560 km en 231 h 07 min 15 s
2e Jean Alavoine (France), à 1 h 42 min 54 s
3e Eugène Christophe (France), à 2 h 26 min 31 s

À 33 ans, Lambot gagne enfin et perpétue la tradition des vainqueurs belges.

Renouveau dans la continuité

Le Tour renaît, mais rien ne change : un Belge, Firmin Lambot, s'impose. La course est marquée par la malchance. Eugène Christophe, qui a reçu à Grenoble le premier Maillot jaune de l'histoire, en fait à nouveau les frais. Alors qu'il occupe la tête du général à deux jours de l'arrivée, avec plus de 28 minutes d'avance sur Lambot, il brise sa fourche, comme en 1913. Il la répare, mais perd 2 heures 30 minutes dans la bataille. Christophe ne gagnera jamais le Tour.

Le magazine *La Vie au Grand Air* célèbre la renaissance du Tour : image idyllique.

1920

1er Philippe Thys (Belgique), 5 519 km en 231 h 07 min 15 s
2e Hector Heusghem (Belgique), à 57 min 21 s
3e Firmin Lambot (Belgique), à 1 h 39 min 35 s

Les organisateurs ont oublié d'apporter un Maillot jaune. Un tricot déchiré fait l'affaire pour Thys.

Triple ban pour Thys

Pendant la Grande Guerre mondiale, Philippe Thys a servi dans les forces aériennes françaises. Mais c'est pour le compte d'une autre légion qu'il dispute ce Tour : l'équipe La Sportive, forte de vingt-huit coureurs, remporte les quinze étapes et truste les onze premières places du classement final ! Les sept premiers sont d'ailleurs tous Belges... La victoire est aisée pour Thys, 30 ans, qui réalise un triplé, après ses succès de 1913 et 1914. Un exploit inédit.

Petit-Breton avait gagné le Tour à deux reprises. Thys devient le premier triple vainqueur de l'épreuve.

1921

1er Léon Scieur (Belgique), 5 484 km en 221 h 50 min 26 s
2e Hector Heusghem (Belgique), à 18 min 36 s
3e Honoré Barthélémy (France), à 2 h 01 min 00 s

Léon Scieur : encore un Belge vainqueur !

Scieur ne déraille pas

Son surnom laisse peu de place à la poésie : Léon Scieur est « la locomotive ». Il mène, les autres suivent, du moins s'ils le peuvent. Dès l'arrivée de la deuxième étape, à Cherbourg, le Belge s'est emparé du Maillot jaune : il ne le lâchera plus, ne connaissant qu'une petite alerte dans la première étape des Pyrénées. Une révélation tardive pour ce coureur de 33 ans, qui n'a appris à rouler à bicyclette qu'à l'âge de 22 ans.

Dix kilomètres avant Strasbourg (12e étape), une cinquantaine de voitures suiveuses ont perturbé la course.

1922

1er Firmin Lambot (Belgique), 5 372 km en 222 h 08 min 06 s
2e Jean Alavoine (France), à 41 min 15 s
3e Félix Sellier (Belgique), à 42 min 02 s

Poursuivi par la chance

Firmin Lambot avait bénéficié d'un incident matériel d'Eugène Christophe pour s'imposer en 1919. Il prend cette fois le Maillot jaune par la grâce d'une sanction infligée à son compatriote Hector Heughsem, qui a changé de vélo dans la 12e étape. Une pénalité d'une heure, alors qu'il terminera à Paris 4e, à 44 minutes du vainqueur... Dès lors, Firmin Lambot contrôle la course pour succéder à Léon Scieur, natif comme lui de la commune de Florennes. Il devient à 36 ans le plus âgé des vainqueurs de l'épreuve.

La popularité du Tour ne cesse de grandir. La foule se presse même aux ravitaillements pour approcher les « Géants de la route ».

TOUR de FRANCE
RAVITAILLEMENT
COURBET

1923

1er **Henri Pélissier** (France), 5 386 km en 222 h 15 min 30 s
2e Ottavio Bottecchia (Italie), à 30 min 41 s
3e Romain Bellenger (France), à 1 h 04 min 43 s

Eugène Christophe, le perdant magnifique, est absent au départ. Mais les réclames vantent ses bicyclettes.

Une fête nationale

Douze ans que la France attendait cela ! Gustave Garrigou demeurait, depuis 1911, le dernier vainqueur français du Tour... Lors de la dernière étape, les voitures officielles ne pourront rouler qu'à la moyenne de 8 km/h, tant l'enthousiasme des centaines de milliers de spectateurs est grand. À 34 ans, Henri Pélissier devient un héros national, grâce à ses exploits dans les Alpes. Parfaitement secondé par son frère Francis, il gagne coup sur coup, à Briançon et à Genève le 14 juillet.

Henri Desgrange, le patron du Tour (au premier plan), annonce au peloton les 3 minutes de neutralisation du contrôle de Montbéliard.

1924

1er **Ottavio Bottecchia** (Italie), 5 425 km en 226 h 18 min 21 s
2e Nicolas Frantz (Luxembourg), à 35 min 36 s
3e Lucien Buysse (Belgique), à 1 h 32 min 13 s

Les machines se sont perfectionnées, les revêtements améliorés. Mais les frères Pélissier se plaignent après leur abandon, d'être encore des « forçats de la route ».

Première italienne

Maillot jaune au terme de la première étape qu'il a remportée. Maillot jaune à l'arrivée de la dernière où il s'est imposé. Entre les deux, deux autres succès dans les Pyrénées, à Luchon et à Perpignan… La première victoire italienne dans le Tour de France est éclatante. Elle est le fait du « maçon du Frioul », Ottavio Bottecchia, 29 ans. Il devient également le premier vainqueur à avoir porté le Maillot jaune de bout en bout. Doublement historique.

1925

1er Ottavio Bottecchia (Italie), 5 340 km en 219 h 10 min 18 s
2e Lucien Buysse (Belgique), à 56 min 20 s
3e Bartolomeo Aimo (Italie), à 58 min 37 s

Bottecchia premier (au centre), Buysse deuxième... La formation Automoto réalise le doublé.

Copie conforme

Comme l'année précédente, Bottecchia remporte quatre étapes, dont la première et la dernière. Mais il doit compter cette fois sur l'aide de son équipier belge, Lucien Buysse (deuxième à Paris), pour s'imposer. Le Luxembourgeois Nicolas Frantz l'a inquiété un temps avant de tomber malade. Le Belge Adelin Benoît l'a privé pendant cinq jours de son Maillot jaune... Le Français Eugène Christophe, lui, fait ses adieux à la Grande boucle sous les vivats : il a plus de 40 ans.

Au ravitaillement d'Abbeville, Ottavio Bottecchia s'asperge le visage. L'Italien ne fait rien dans la mesure.

1926

1er **Lucien Buysse** (Belgique), 5 745 km en 238 h 44 min 25 s
2e Nicolas Frantz (Luxembourg), à 1 h 22 min 25 s
3e Bartolomeo Aimo (Italie), à 1 h 22 min 51 s

Alcyon fait briller son bilan et ses victoires d'étape. Mais au général, ses leaders Frantz et Aimo sont loin de Buysse.

L'ange des Pyrénées

Parti pour la première fois de province (Évian), le plus long Tour de toute l'histoire, avec ses 5 745 kilomètres, ne pouvait déboucher que sur des écarts considérables. Le Belge Lucien Buysse le confirme, en s'imposant avec 1 heure 22 minutes d'avance sur son second !

Dans l'étape Bayonne-Luchon notamment, il a atomisé le peloton, terminant 25 minutes avant son second, l'Italien Aimo. « En 1925, j'ai couru aux ordres pour aider Bottecchia, avait-il dit avant le départ. En 1926, je gagnerai ».

Entre Bayonne et Luchon, dans des conditions apocalyptiques, Buysse tue tout suspense.

1927

1er **Nicolas Frantz** (Luxembourg), 5 321 km en 198 h 16 min 42 s
2e Maurice De Waele (Belgique), à 1 h 48 min 21 s
3e Julien Vervaecke (Belgique), à 2 h 25 min 06 s

Le grand Nicolas

Le patron du Tour n'a pas aimé la balade de Buysse en 1926. Il impose des départs séparés pour les formations, lors des seize étapes de plat, ce qui revient à des contre-la-montre par équipes... Francis Pélissier puis Francis Le Drogo sont aux anges, ils portent le Maillot jaune! Mais le Luxembourgeois Nicolas Frantz (Alcyon) fait tout exploser, dès la course revenue à une configuration classique. Il gagne avec 1 heure 48 minutes d'avance ! Une innovation pour rien.

Nicolas Frantz n'est pas dupe : il sait que sa victoire individuelle est aussi celle de toute son équipe.

1928

1er Nicolas Frantz (Luxembourg), 5 321 km en 198 h 16 min 42 s
2e André Leducq (France), à 50 min 07 s
3e Maurice De Waele (Belgique), à 56 min 16 s

Frantz en patron

Vainqueur de la première étape, Paris-Caen, Nicolas Frantz endosse le Maillot jaune. Et en fait sa propriété jusqu'à Paris, où il gagnera la dernière étape... Facile ? Presque. Le Français André Leducq, vainqueur de quatre étapes, l'a toutefois chatouillé. Le Luxembourgeois a une approche très professionnelle du cyclisme et ne vit que pour le Tour de France. Il rêve déjà d'égaler Philippe Thys et ses trois succès. À 28 ans, il peut y croire, surtout avec cette machine de guerre qu'est l'équipe Alcyon.

Frantz entraîne De Waele dans son sillage. Il a construit son succès, en montagne comme sur le plat.

1929

1er Maurice De Waele (Belgique), 5 276 km en 186 h 39 min 15 s
2e Giuseppe Pancera (Italie), à 44 min 23 s
3e Jef Demuysere (Belgique), à 57 min 10 s

Revenu de l'enfer, le Belge De Waele est soulagé : courageusement, il a tenu bon jusqu'à Paris.

Le jour du mort-vivant

Henri Desgrange est hors de lui : « On a fait gagner un cadavre ! », s'indigne-t-il dans les colonnes du journal *L'Auto*. Le mort en question s'appelle Maurice De Waele et occupe la tête du classement général au départ de la 15e étape, à Grenoble. Malade, livide, n'ayant pas dormi de la nuit, il est victime d'une syncope. Mais entouré, protégé par ses équipiers, il se requinque sur son vélo. Et gagne à Paris. Ce n'est pas du vol : il avait déjà terminé deuxième en 1927 et troisième en 1928.

De Waele terminera dans les cinq premiers les quatre Tours qu'il disputera. Mais gagne l'année où il le mérite le moins.

1930

1ᵉʳ André Leducq (France), 4 818 km en 172 h 12 min 16 s
2ᵉ Learco Guerra (Italie), à 14 min 13 s
3ᵉ Antonin Magne (France), à 16 min 03 s

A l'arrivée à Evian, la joie de l'équipe française qui avait ramené Leducq après son accident faisait plaisir à voir.
De g. à dr. : M. Bidot, Pierre Magne, Antonin Magne, Leducq, Charles Pélissier.

En bleu, blanc, rouge

Le retour aux équipes nationales se traduit par un feu d'artifices tricolore. Charles Pélissier remporte huit étapes, dont les quatre dernières ; cela demeure le record. Cinq Français terminent dans les dix premiers, dont deux sur le podium. André Leducq monte, lui, sur la plus haute marche... Tous les frais des formations sont pris en charge par les organisateurs qui sont récompensés par un immense succès populaire : deux millions de spectateurs assistent à la dernière étape !

« Dédé gueule d'amour » n'a pas toujours présenté son visage de séducteur au sommet des cols.

1931

1er Antonin Magne (France), 5 095 km en 177 h 10 min 03 s
2e Jef Demuysere (Belgique), à 12 min 56 s
3e Antonio Pesenti (Italie), à 22 min 51 s

Aux arrivées d'étape, les coureurs se congratulent : rivaux mais solidaires.

Chacun son Tour

Antonin Magne avait sauvé André Leducq dans les Alpes, en 1930. Cette fois, c'est lui qui bénéficie de l'aide de ses coéquipiers Charles Pélissier, Benoît Faure ou... André Leducq, pour résister aux attaques du Belge Jef Demuysere dans les Alpes. L'Auvergnat de Livry-Gargan, en banlieue parisienne n'a certes remporté qu'une étape, mais la plus belle, entre Bayonne et Luchon. Il s'y était préparé tout particulièrement, après un Tour d'Italie raté (28e).

Antonin Magne

L'enthousiasme populaire ne se dément pas et les Français (ici Le Calvez) bénéficient évidemment de toutes les attentions.

1932

1er André Leducq (France), 4 520 km en 154 h 11 min 49 s
2e Kurt Stöpel (Allemagne), à 24 min 03 s
3e Francesco Camusso (Italie), à 26 min 21 s

La radio a fait son arrivée sur le Tour de France. André Leducq en profite.

À la chasse aux bonifs

Henri Desgrange a instauré des bonifications aux arrivées d'étapes : 4 minutes au premier, 2 au deuxième, 1 au troisième. Et André Leducq sait compter : il accumule les minutes, grâce à six victoires d'étape, deux places de deuxième et trois places de troisième... En l'absence de Charles Pélissier et Antonin Magne, l'équipe de France continue sur sa lancée. Et personne ne s'en plaint sur les routes du Tour.

1933

1er Georges Speicher (France), 4 396 km en 147 h 51 min 37 s
2e Learco Guerra (Italie), à 4 min 01 s
3e Giuseppe Martano (Italie), à 5 min 08 s

D'abord leader, Archambaud devient ensuite l'équipier zélé de Speicher qu'il emmène ici.

Le temps des copains

Les noms changent, mais l'équipe de France domine toujours. C'est le « temps des copains », dit-on à l'époque... Cette fois, c'est Maurice Archambaud qui brille. Il porte neuf jours le Maillot jaune, avant de le céder à Marseille, à son coéquipier Georges Speicher qui ne le lâchera plus. Quelques semaines plus tard, il sera sacré champion du monde, à Montlhéry, réalisant le premier doublé du genre.

1934

1ᵉʳ Antonin Magne (France), 4 363 km en 147 h 13 min 58 s
2ᵉ Giuseppe Martano (Italie), à 27 min 31 s
3ᵉ Roger Lapébie (France), à 52 min 15 s

Pour la première fois, un contre-la-montre individuel est au programme du Tour.

Le temps des copains

Jamais les Français n'avaient joué un tel Tour à leurs adversaires : ils remportent vingt des vingt-quatre étapes, le Maillot jaune (porté de bout en bout par Georges Speicher le premier jour, puis Antonin Magne), le Grand Prix de la montagne (grâce à René Vietto), et évidemment, le classement par équipes, avec cinq coureurs parmi les douze premiers. Pour Antonin Magne, c'est un deuxième succès, totalement maîtrisé.

1935

1er Romain Maes (Belgique), 4 338 km en 141 h 32 min 00 s
2e Ambrogio Morelli (Italie), à 17 min 52 s
3e Félicien Vervaecke (Belgique), à 24 min 06 s

La vie d'un coureur cycliste reste dangereuse. Et les soins paraissent souvent dérisoires face aux blessures.

Une course endeuillée

Romain Maes frappe fort dès le début. Dans la première étape entre Paris et Lille, il s'échappe et bénéficie de la fermeture d'un passage à niveau qui bloque ses poursuivants. Le voilà en jaune, et il le restera, malgré vingt-huit crevaisons et trois passages à vide, confortant son avance, jour après jour. Il terminera à la moyenne record de 30,650 km/h… Mais la caravane demeure inconsolable : le petit Espagnol Francisco Cepeda s'est tué, en chutant dans la descente du Lautaret.

1936

1er Sylvère Maes (Belgique), 4 414 km en 142 h 47 min 32 s
2e Antonin Magne (France), à 26 min 55 s
3e Félicien Vervaecke (Belgique), à 27 min 53 s

Federico Ezquerra en plein effort, dans le ballon d'Alsace.

L'homme du Tourmalet

Ils n'ont que leurs nationalité et leur nom en commun. Sylvère Maes succède au palmarès à Romain Maes, mais cette homonymie n'est que coïncidence. L'essentiel est qu'ils appartiennent à l'escadron noir de Belgique qui a pris la succession de la redoutable équipe de France. Sylvère Maes avait brillé dans le Tourmalet en 1935. Il y survole la course en 1936 et y construit son succès. Plus tard, une fois sa carrière terminée, il nommera Café Tourmalet l'établissement qu'il ouvrira en Belgique...

Place de la Bourse, à Bruxelles, l'équipe belge victorieuse, reçoit un accueil enthousiaste de ses compatriotes.

1937

1er Roger Lapébie (France), 4 415 km en 138 h 58 min 31 s
2e Mario Vicini (Italie), à 7 min 17 s
3e Léo Amberg (Suisse), à 26 min 13 s

La chance de Lapébie

Gino Bartali, Maillot jaune, tombe dans un ravin entre Grenoble et Briançon et abandonne. Sylvère Maes lui succède en tête du classement, mais abandonne à Bordeaux avec toute l'équipe belge, pour une sombre histoire de pénalité et de passage à niveau fermé… Le Tour déraille alors que le dérailleur est autorisé pour la première fois. Qu'importe : Roger Lapébie n'a rien volé dans ce 31e Tour de France, tronçonné en trente-et-une étapes ou demi ou tiers d'étapes !

À 26 ans, Roger Lapébie redonne le sourire à une équipe de France, humiliée par les succès belges.

1938

1er Gino Bartali (Italie), 4 680 km en 148 h 29 min 12 s
2e Félicien Vervaecke (Belgique), à 18 min 27 s
3e Victor Cosson (France), à 29 min 26 s

Les Français Maye, Marcaillou, Speicher mis hors-course pour s'être accrochés à une voiture. Le patron du Tour, Henri Desgrange, s'interroge...

L'ange des cimes

Gino Bartali a franchi en tête les cols de Vars, d'Izoard, d'Aubisque, d'Aspin et du Tourmalet... Comment ne pourrait-il pas être sacré roi de la montagne ? L'Italien – déjà deux victoires dans le Giro - a survolé la course comme les sommets, pour s'imposer devant Vervaecke pourtant meilleur grimpeur des Tours 1935 et 1937. À 24 ans, Bartali semble n'avoir qu'un défaut. À chaque arrivée, il allume une cigarette avant même de passer sous la douche !

Haut de forme pour l'homme qui est en forme en haut : Gino Bartali peut s'amuser en fin de Tour de France.

1939

1er Sylvère Maes (Belgique), 4 225 km en 132 h 03 min 17 s
2e René Vietto (France), à 30 min 38 s
3e Lucien Vlaemynck (Belgique), à 32 min 08 s

Maes-tria

Au moment d'aborder la 15e étape Digne-Briançon, René Vietto fait encore illusion, dans son beau Maillot jaune. Le soir même, il est relégué à 17 minutes du héros du jour, le revenant Sylvère Maes, qui a réalisé un festival dans le col d'Izoard. Le lendemain, il perd à 27 minutes, après un contre-la-montre – le premier du genre en montagne – comprenant l'ascension du col de l'Iseran. René Vietto reste cependant le plus « dangereux » opposant au Belge déchaîné, qui réédite son succès de 1936.

Le doublé pour Sylvère Maes est fêté dignement.

Suivi par la voiture d'André Leducq désormais chroniqueur, Sylvère Maes en termine avec l'ascension de l'Izoard, détaché.

1947

1er Jean Robic (France), 4 642 km en 148 h 11 min 25 s
2e Édouard Fachleitner (France), à 3 min 58 s
3e Pierre Brambilla (Italie), à 10 min 07 s

Ferdi Kübler s'explique pour le journaliste Gaston Bénac.

Les coureurs, victimes de la canicule, sont aspergés par les spectateurs bienveillants.

Robic, en fin

René Vietto a longtemps fait illusion. Mais il a sombré et l'Italien Pierre Brambilla semble alors en mesure de s'imposer. C'est sans compter sur la ténacité de Jean Robic, le Breton de 26 ans. Il comptait 25 minutes de retard sur le Maillot jaune avant les Pyrénées ; il n'en a plus que 3, au départ de la dernière étape. Et il attaque, accompagné d'Édouard Fachleitner. Les deux hommes passent Brambilla au général. Robic gagne un Tour dont il n'a jamais porté le Maillot jaune.

Jean Robic lutte seul dans l'Izoard pour rattraper une partie de son retard sur le Maillot jaune. Mais aux arrivées d'étape, c'est en groupe que les Français dansent à la paix retrouvée.

1948

1er Gino Bartali (Italie), 4 922 km en 147 h 10 min 36 s
2e Briek Schotte (Belgique), à 26 min 16 s
3e Guy Lapébie (France), à 28 min 48 s

Tout le monde souffre derrière le numéro 31, Gino Bartali, imbattable en montagne.

Bartali toujours jaune

Dix ans et une guerre plus tard, l'Ange de la montagne plane à nouveau sur le Tour. Gino Bartali n'est plus tout jeune. Il semble s'économiser (même s'il s'impose à Trouville, Lourdes et Toulouse), laissant Louison Bobet briller en jaune, avant de porter l'attaque fatale dans les Alpes. Il gagne coup sur coup à Briançon, à Aix-les-Bains puis à Lausanne ! Une petite dernière victoire à Liège, pour porter son total à sept victoires d'étape. Vainqueur final, meilleur grimpeur. À 34 ans.

Les coureurs sourient lorsque l'acteur Bourvil leur donne le départ. Sur la route, en revanche, ils rient moins, notamment lors du franchissement du col du Tourmalet (ci-dessous).

1949

1er Fausto Coppi (Italie), 4 808 km en 149 h 40 min 49 s
2e Gino Bartali (Italie), à 10 min 55 s
3e Jacques Marinelli (France), à 25 min 13 s

La paix des braves

En Italie, il y a les pro-Coppi et les pro-Bartali. Sur le Tour, il n'y a que des spectateurs, ébahis par leurs exploits. Rivaux mais équipiers, les deux champions vont accepter de collaborer pour favoriser la victoire de l'un ou de l'autre. C'est une crevaison et une chute de Bartali – alors en jaune – dans une descente alpine qui fera la différence. Coppi a désormais quartier libre. Il s'impose dès ses débuts en France, réalisant au passage le premier doublé Giro-Tour de l'histoire.

Fausto Coppi (ci-dessus) et Gino Bartali (à sa droite sur la photo de gauche) ne sont pas exactement de joyeux lurons, mais quels coureurs ! Un talent qui justifie leur popularité.

1950

1er **Ferdi Kübler** (Suisse), 4 773 km en 145 h 36 min 56 s
2e Stan Ockers (Belgique), à 9 min 30 s
3e Louison Bobet (France), à 22 min 19 s

La fuite italienne

Gino Bartali gagne à peine la 11e étape à Saint-Gaudens et Fiorenzo Magni vient d'enfiler le Maillot jaune. Il n'empêche : les Italiens quittent la course, irrités par le comportement des spectateurs à l'égard de Bartali. Le Suisse Ferdi Kübler se voit ainsi offrir un Tour dont il gagnera les trois étapes les plus courtes : les deux contre-la-montre et un Menton-Nice raccourci, pour éviter la colère des supporters à Sestrières !

Quatrième essai raté pour Bobet.
Il termine néanmoins sur le podium,
remporte le Grand Prix de la montagne
et l'étape Gap-Briançon. Mais Kübler
était trop fort.

1951

1er Hugo Koblet (Suisse), 4 690 km en 142 h 20 min 14 s
2e Raphaël Geminiani (France), à 22 min 00 s
3e Lucien Lazaridès (France), à 24 min 16 s

Chaque année, les coureurs deviennent encore plus populaires.

Doublé suisse

Raphaël Geminiani s'impose à Clermont-Ferrand et termine meilleur grimpeur du Tour. Mais comment pouvait-il gagner contre Hugo Koblet ? Le Suisse, surnommé « le pédaleur de charme » pour l'élégance qu'il déploie sur son vélo, est également un pédaleur de force. Il prend 6 minutes à Gem sur les 85 kilomètres du contre-la-montre d'Angers et près d'une douzaine d'autres, sur le deuxième long de 97 kilomètres à Genève... Koblet après Kübler : la Suisse remporte, coup sur coup, deux Tours de France.

Partout, en France comme en Suisse, le public est chaleureux et prévenant.... Koblet et Jean Robic sont des stars que vient saluer Ray Sugar Robinson, le mythique poids moyen américain (ci-dessous).

1952

1er Fausto Coppi (Italie), 4 898 km en 151 h 57 min 20 s
2e Stan Ockers (Belgique), à 28 min 17 s
3e Bernardo Ruiz (Espagne), à 34 min 38 s

Hors-concours

Ebranlé par le décès de son frère Serse, Fausto Coppi avait sombré dans le Tour 1951, terminant 10e à près de 47 minutes de Koblet. Il veut sa revanche. Le parcours montagneux avec trois arrivées en altitude – L'Alpe d'Huez, Sestrières et le puy de Dôme – lui donne l'occasion de la rendre éclatante. Le Campionissimo domine tellement, que le patron du Tour ira jusqu'à accorder une prime exceptionnelle à celui qui terminera... deuxième.

Yvette Horner pousse la chansonnette pour Raphaël Geminiani, pendant la journée de repos.

Fratelli Crosio
Le Parisien
libéré

1953

1er Louison Bobet (France), 4 476 km en 129 h 23 min 25 s
2e Jean Malléjac (France), à 14 min 18 s
3e Giancarlo Astrua (Italie), à 15 min 02 s

La délivrance

Louison Bobet dispute déjà son sixième Tour. Même si son palmarès est encore celui d'un spécialiste des Classiques, il s'est peu à peu bâti un profil de vainqueur. Il roule, et le contre-la-montre Lyon-Saint-Étienne le prouvera. Il grimpe, ce qui lui permettra de prendre le Maillot jaune à Briançon. Et surtout, il est prêt à assumer ses responsabilités, lorsque son directeur technique, Marcel Bidot, lui donne les clés de la course. Un champion est né, après six ans de gestation.

1954

1er **Louison Bobet** (France), 4 656 km en 140 h 06 min 05 s
2e Ferdi Kübler (Suisse), à 15 min 49 s
3e Fritz Schaer (Suisse), à 21 min 46 s

À Brest, dans sa Bretagne chérie, Louison Bobet a l'occasion de mesurer sa popularité. Ses collègues du peloton Nello Lauredi et Stanislas Bober peuvent annoncer la bonne nouvelle...

Louison bisse

Pour la première fois, le Tour s'élance de l'étranger : d'Amsterdam aux Pays-Bas. Mais pour Bobet, aucune raison d'innover. Il remporte bien sûr le contre-la-montre entre Épinal et Nancy, confirmant sa supériorité dans l'exercice. Mais il avait tué le Tour, auparavant, dans son jardin, les Alpes, et plus précisément l'Izoard... Les Suisses se disputent les accessits, et la France fête son champion dont on ne dit plus le nom, mais qu'on appelle affectueusement « Louison ».

1955

1er Louison Bobet (France), 4 595 km en 130 h 29 min 26 s
2e Jean Brankart (Belgique), à 4 min 53 s
3e Charly Gaul (Luxembourg), à 11 min 30 s

Dans le Ventoux, Louison Bobet (ici encouragé par Marcel Bidot) produit son effort.

Un triplé inédit

Le Ventoux dira tout. Sur la forme de Louison Bobet qui, dans son maillot arc-en-ciel de champion du monde, s'envole pour triompher en Avignon : il gagnera son troisième Tour de France d'affilée, aucun doute. Sur les mœurs d'une époque aussi, avec le terrible malaise de Jean Malléjac qui manque d'y perdre la vie ou sur la défaillance de Ferdi Kübler, devenu fou au point de reprendre la route à l'envers après de multiples chutes... Les observateurs s'inquiètent, la caravane passe.

La caravane publicitaire fait déjà partie du paysage du Tour.

1956

1er Roger Walkowiak (France), 4 498 km en 124 h 01 min 16 s
2e Gilbert Bauvin (France), à 1 min 25 s
3e Jan Adriaenssens (Belgique), à 3 min 44 s

Malgré une chute dans les Pyrénées, Gilbert Bauvin (à droite) termine 2e, à 1 minute 25 secondes de Walkowiak. Il ne semble pas lui en vouloir.

L'échappée belle

Dans la 7e étape, Lorient-Angers, trente-et-un coureurs terminent 18 minutes 46 secondes avant un peloton peu concerné. Erreur : l'un d'eux va résister jusqu'à Paris au retour des favoris. Roger Walkowiak, 29 ans, parvient à limiter les dégâts face aux grimpeurs Charly Gaul et Federico Bahamontes en montagne, ainsi qu'aux rouleurs contre-la-montre. Il conserve à Paris 1 minute 25 secondes d'avance sur Gilbert Bauvin. Jacques Goddet, enthousiaste, inventera l'expression « gagner à la Walkowiak ».

1957

1er **Jacques Anquetil** (France), 4 669 km en 135 h 44 min 42 s
2e Marcel Janssens (Belgique), à 14 min 56 s
3e Adolf Christian (Autriche), à 17 min 20 s

Les Frères Jacques, un quatuor vocal très en vogue autour d'Anquetil : on ne pouvait trouver plus pertinent.

Maillot jeune

Bobet absent, l'équipe de France mise sur Darrigade pour les victoires d'étape et sur un jeune Normand de 23 ans, réputé bon rouleur. Au total, les Français remportent treize étapes, trustent le Maillot jaune du début à la fin, s'octroient le Maillot vert (Forestier) et conduisent Jacques Anquetil à la victoire finale... Le débutant a tout de suite impressionné, en s'imposant dans la 3e étape chez lui à Rouen, avant de prendre le Maillot jaune... le lendemain !

1958

1er **Charly Gaul** (Luxembourg), 4 319 km en 116 h 59 min 05 s
2e Vito Favero (Italie), à 3 min 10 s
3e Raphaël Geminiani (France), à 3 min 41 s

Rien à signaler, indique l'ardoisier. Le succès du sémillant Charly Gaul est pourtant remarquable.

Au tour de Gaul

En battant Anquetil, deuxième à 7 secondes et Bobet, huitième dans le contre-la-montre de Châteaulin, Charly Gaul a clairement affiché ses ambitions. Il saura les confirmer en montagne, comme dans les deux derniers contre-la-montre, malgré l'exceptionnelle résistance de Raphaël Geminiani et de l'Italien Vito Favero. Mais la fête est gâchée à Paris par la mort du secrétaire général du Parc des Princes, percuté par André Darrigade pendant le sprint final. Le Tour est en deuil.

Charles Trenet, « le fou chantant » joue au fou pédalant. C'est assez du goût de Charly Gaul qui adore les facéties.

1959

1er Federico Bahamontes (Espagne), 4 358 km
en 123 h 46 min 45 s
2e Henry Anglade (France), à 4 min 01 s
3e Jacques Anquetil (France), à 5 min 05 s

Le cadeau à l'Espagne

Anquetil marque Rivière qui surveille Anquetil. Bobet et Geminiani n'en pensent pas moins… La zizanie règne dans l'équipe de France qui ne retrouve son unité que pour se liguer contre Henry Anglade. Le champion de France, seul à pouvoir inquiéter Bahamontes, n'est qu'un « régional » du Centre-Midi : les stars craignent d'être ridicules… Vainqueur au puy de Dôme, meilleur grimpeur, « l'Aigle de Tolède » n'avait sans doute pas besoin de cela pour devenir le premier Espagnol vainqueur du Tour.

Roger Rivière aux côtés de Federico Bahamontes, retardé dans les Alpes : adversaire ou allié de circonstance ? Grave pour l'esprit (de la course), mais moins que les chutes pour les corps (photo page de gauche).

1960

1er Gastone Nencini (Italie), 4 173 km en 112 h 08 min 42 s
2e Graziano Battistini (Italie), à 5 min 02 s
3e Jan Adriaenssens (Belgique), à 10 min 24 s

Le général de Gaulle prédit à Nencini sa victoire, à Colombey-les-deux-Églises.

Le drame au tournant

Le Tour s'arrête à Colombey-les-Deux-Églises saluer un spectateur pas comme les autres, le général de Gaulle, sorti à sa rencontre. Gastone Nencini triomphe à Paris. Mais l'image qui restera est celle de Roger Rivière, inconscient et porté sur une civière. Le Stéphanois a raté un virage dans la descente du Perjuret. Il est tombé en contrebas. Parmi ses multiples fractures, l'une affecte sa colonne vertébrale. La moelle épinière est touchée. Sa carrière est terminée.

Roger Rivière est sorti du ravin sur une civière. Sa carrière est terminée.

1961

1er Jacques Anquetil (France), 4 397 km en 122 h 01 min 33 s
2e Guido Carlesi (Italie), à 12 min 14 s
3e Charly Gaul (Luxembourg), à 12 min 16 s

La France du Tour adore venir en aide aux coureurs. Il suffit parfois de les arroser lorsque la chaleur est écrasante.

Taille patron

André Darrigade a gagné la 1re demi-étape, Jacques Anquetil la 2de, et lui a pris son Maillot jaune, comme il l'avait annoncé avant le départ. Après trois échecs dans le Tour, le champion normand tient sa revanche. Il ne gagne plus qu'une étape – le contre-la-montre du 14 juillet – certes, jusqu'à Paris, mais il écrase la course de bout en bout avec une autorité ahurissante. À l'aise sur tous les terrains, il repousse Guido Carlesi et Charly Gaul à plus de 12 minutes. Sans forcer son talent.

À 28 ans, Jacques Anquetil (ici aux côtés de l'Italien Imerio Massignan) est au sommet de son art. Et son art est aux sommets.

1962

1er Jacques Anquetil (France), 4 274 km en 114 h 31 min 54 s
2e Joseph Planckaert (Belgique), à 4 min 59 s
3e Raymond Poulidor (France), à 10 min 24 s

Toujours impérial en montagne, Federico Bahamontes remporte le 4e de ses six prix du meilleur grimpeur.

Le tout pour le Tour

Rudi Altig, André Darrigade, Albertus Geldermans, Willy Schroeders, Tom Simpson, Joseph Planckaert mettent, enlèvent, s'échangent tour à tour le Maillot jaune. Illusion. Un seul homme peut raisonnablement envisager de le porter à Paris. Jacques Anquetil a tout misé sur la 20e des vingt-deux étapes, un contre-la-montre de 68 kilomètres entre Bourgoin et Lyon. Il y réalise l'un de ses chefs-d'œuvre, repoussant Baldini à 3 minutes, Poulidor et Planckaert à plus de 5 minutes... Il s'offre une troisième victoire, comme Thys et Bobet avant lui.

1963

1er Jacques Anquetil (France), 4 137 km en 113 h 30 min 05 s
2e Federico Bahamontes (Espagne), à 3 min 35 s
3e José Pérez-Francés (Espagne), à 10 min 14 s

Le camion balai balaye et Anquetil gagne : à chacun son métier. Tout est en ordre.

Et de quatre !

Le malentendu est patent. À force de donner l'impression de gagner en s'économisant, Jacques Anquetil passe pour un « gérant de la route » au lieu d'un géant… Sa quatrième victoire le réconcilie avec le public, car s'il gagne – comme à son habitude – les contre-la-montre, il s'impose également en montagne. À Bagnères-de-Bigorre dans les Pyrénées et à Chamonix dans les Alpes, il s'empare du Maillot jaune détenu par le roi des grimpeurs, Federico Bahamontes. La France ne l'admire plus seulement : elle l'aime.

Dans les Alpes, Federico Bahamontes emmène Raymond Poulidor dans son sillage. Mais Anquetil n'est jamais très loin d'eux.

1964

1er Jacques Anquetil (France), 4 504 km en 127 h 09 min 44 s
2e Raymond Poulidor (France), à 55 s
3e Federico Bahamontes (Espagne), à 4 min 44 s

Anquetil bluffe si bien, que Poulidor tarde à l'attaquer dans la montée du puy de Dôme. Il sauvera ainsi son Maillot jaune.

L'as des as

Personne n'avait jamais remporté quatre Tours. Jacques Anquetil en ajoute un cinquième à son palmarès. Et quel Tour ! Le plus beau de tous, selon les spécialistes, grâce à l'extraordinaire duel qu'il dispute avec Raymond Poulidor. Tout au long de l'épreuve, les deux hommes ne sont séparés que par une poignée de secondes, comme à l'issue de la légendaire escalade du puy de Dôme, où Anquetil, au bord de l'effondrement, sauve son Maillot jaune pour 14 secondes d'avance… À Paris, les deux champions seront associés dans un même tour d'honneur.

Le duel de 1964, passionnant et loyal, rapprochera Poulidor et Anquetil pour toujours.

1965

1er Felice Gimondi (Italie), 4 177 km en 116 h 42 min 06 s
2e Raymond Poulidor (France), à 2 min 40 s
3e Gianni Motta (Italie), à 4 min 44 s

Heureux comme Felice

Il a 22 ans et une grande carrière semble s'ouvrir à lui. Elle se fera sur le Giro, la Vuelta et ailleurs, mais pas sur la Grande Boucle que les équipes italiennes bouderont avec obstination les années suivantes. Felice Gimondi, déjà Maillot jaune au soir de la troisième étape et à l'issue de son succès à Rouen, prouve tout son talent en remportant brillamment la course devant le grand favori, Raymond Poulidor. Et en s'octroyant même la dernière étape, contre-la-montre entre Versailles et Paris. Anquetil n'était pas là : Gimondi l'a fait oublier.

Les Italiens Felice Gimondi et Vittorio Adorni initient le roi du ski, Jean-Claude Killy, à la petite reine.

Tout au long du Tour, Felice Gimondi (ici dans la 15e étape Carpentras-Gap) a fait preuve d'élégance sur la route, comme en dehors.

1966

1er Lucien Aimar (France), 4 329 km en 117 h 34 min 21 s
2e Jan Janssen (Pays-Bas), à 1 min 07 s
3e Raymond Poulidor (France), à 2 min 02 s

Champion et vice-champion du monde 1965,
Tom Simpson et Rudi Altig (en jaune) se retrouvent.

Le dernier tour d'Anquetil

À deux reprises, vers Pau (10e) et Turin (17e), Jacques Anquetil envoie son équipier Lucien Aimar aux avant-postes pour piéger Raymond Poulidor. Le Limousin n'a que le choix de se laisser distancer ou de risquer le contre… Manœuvres efficaces au bénéfice d'Aimar qui prend le Maillot jaune peu avant qu'Anquetil n'abandonne, malade. Dès lors, le Toulonnais va tenir bon pour garder un mince avantage à Paris sur Jan Janssen et Raymond Poulidor. À qui Maître Jacques a joué un bien mauvais tour.

Lucien Aimar Maillot jaune, Jacques Anquetil
équipier modèle : le monde à l'envers.

Victime d'une bronchite, Anquetil (ici à côté de la voiture de son directeur sportif Raphaël Geminiani) dira adieu au Tour dans la côte de Serrières (20e étape).

1967

1er Roger Pingeon (France), 4 779 km en 136 h 53 min 50 s
2e Julio Jiménez (Espagne), à 3 min 40 s
3e Franco Balmamion (Italie), à 7 min 23 s

L'Anglais Tom Simpson, à bout, zigzague sur la route. Il va bientôt s'écrouler. Pour toujours.

Pingeon vole

Raymond Poulidor remporte la dernière étape à Paris et son dévouement est célébré au Parc des Princes. Roger Pingeon, l'ex-équipier modèle, lui doit beaucoup pour les dix-sept jours qu'il vient de passer en jaune. Pour son sacre final, également. Mais la fête ne fait pas oublier le drame survenu dix jours plus tôt. Sur les pentes du mont Ventoux, Tom Simpson s'est effondré en plein effort, victime de la chaleur et d'un mélange Brandy-amphétamines. Décédé à l'hôpital d'Avignon, le Britannique n'avait pas 30 ans.

Poulidor et Aimar étaient les leaders de l'équipe de France. Mais Pingeon s'impose après avoir pris le Maillot jaune grâce à une échappée solitaire dans la 5e étape.

1968

1er Jan Janssen (Pays-Bas), 4 492 km en 133 h 49 min 42 s
2e Herman Van Springel (Belgique), à 38 s
3e Ferdinand Bracke (Belgique), à 3 min 03 s

Jean Stablinski bavarde avec l'acteur Alain Delon, au départ de la 15e étape Font Romeu-Albi. Les stars se pressent sur le Tour de France.

La tortue à lunettes

Il est Néerlandais, porte des lunettes et n'a jamais occupé la tête du général depuis le départ du Tour, le 27 juin à Vittel. Autant de caractéristiques qui paraissent - statistiquement - éliminatoires au moment où se joue la victoire finale, dans la dernière étape, un contre-la-montre de 55 kilomètres entre Melun et Paris. Jan Janssen va pourtant réaliser la course de sa vie, battre le Belge Herman Van Springel de 54 secondes et s'octroyer l'ultime Maillot jaune pour 38 misérables secondes. Comme dans la fable, la tortue a battu le lièvre.

Au bout de l'effort, Jan Janssen va devenir le 1er Néerlandais vainqueur du Tour. Pour 38 secondes, l'écart le plus faible alors jamais enregistré entre le 1er et le 2e.

1er Eddy Merckx (Belgique), 4 117 km en 116 h 16 min 02 s
2e Roger Pingeon (France), à 17 min 54 s
3e Raymond Poulidor (France), à 22 min 13 s

Dès sa première apparition dans le Tour, Merckx collectionne les maillots.

Merckx tricote sa légende

À 24 ans, il découvre le Tour de France. À moins que ce ne soit l'inverse. Au total, le Belge Eddy Merckx remporte six étapes - dont la dernière, à Paris -, le Maillot jaune final, le vert du classement par points, le Grand Prix de la montagne, le trophée par équipes... Grand Chelem ? Mieux que cela. Alors qu'il a déjà course gagnée, il attaque encore dans le Tourmalet. Il termine la grande étape pyrénéenne avec 8 minutes d'avance sur son second, au terme d'une échappée solitaire de 130 kilomètres. Il y gagne un surnom : « le Cannibale ».

Déjà assuré de la victoire finale, le Belge lance une grande offensive dans la 17e étape Luchon-Mourenx. Insatiable.

1970

1er Eddy Merckx (Belgique), 4 254 km en 119 h 31 min 49 s
2e Joop Zoetemelk (Pays-Bas), à 12 min 41 s
3e Gösta Pettersson (Suède), à 15 min 54 s

Jacques Goddet vient fleurir le monument à la mémoire de Tom Simpson sur le Ventoux. Au sommet duquel Merckx triomphe.

Le roi soleil

Le record de Charles Pélissier, vainqueur de huit étapes en 1930, est égalé par Eddy Merckx. Ce n'est pas suffisant : le Belge y ajoute des succès dans le prologue, le contre-la-montre par équipes et le classement des grimpeurs. C'est un monarque absolu qui règne dans sa tunique jaune. Sa seule inquiétude viendra d'un caillou qui heurte son œil gauche pendant la 16e étape. Merckx ne disputera pas le sprint final à Toulouse. Et laissera le Maillot vert à son compatriote Walter Godefrot.

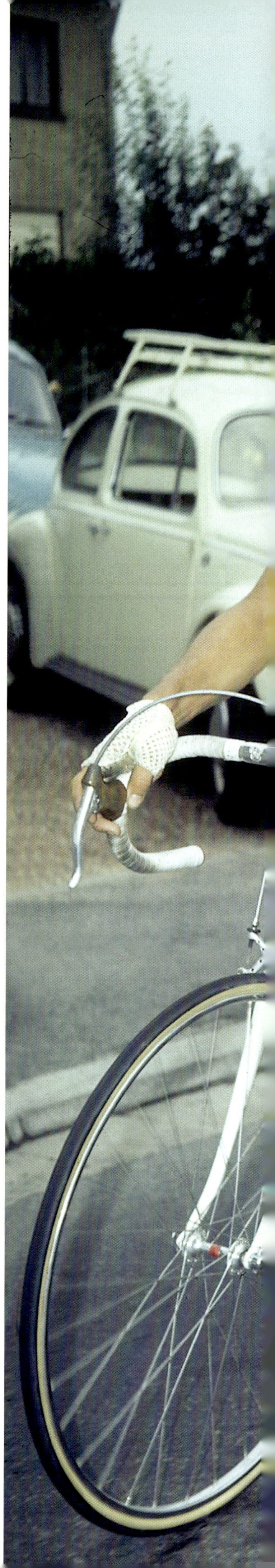

Raymond Poulidor, Andres Gandarias (n° 43) et tous les autres souffrent derrière le grand Merckx.

1971

1er Eddy Merckx (Belgique), 3 608 km en 96 h 45 min 14 s
2e Joop Zoetemelk (Pays-Bas), à 9 min 51 s
3e Lucien Van Impe (Belgique), à 11 min 06 s

Merckx fait à nouveau étalage de ses maillots distinctifs, pendant qu'Ocaña blague avec Jacques Goddet.

Le duel inachevé

Dans la 11e étape vers Orcières-Merlette, l'incroyable se produit : Luis Ocaña ose attaquer Eddy Merckx et le relègue à près de 9 minutes ! Le voilà Maillot jaune, en passe de battre l'imbattable. Les Pyrénées décideront de la victoire finale. Merckx attaque, prend tous les risques, chute... Ocaña également, et beaucoup plus lourdement, dans la descente du Col de Menté. Merckx s'empare d'un Maillot qu'il refuse de porter le lendemain, par respect pour l'Espagnol. Celui-ci aurait-il pu l'empêcher de s'imposer pour la troisième fois ?

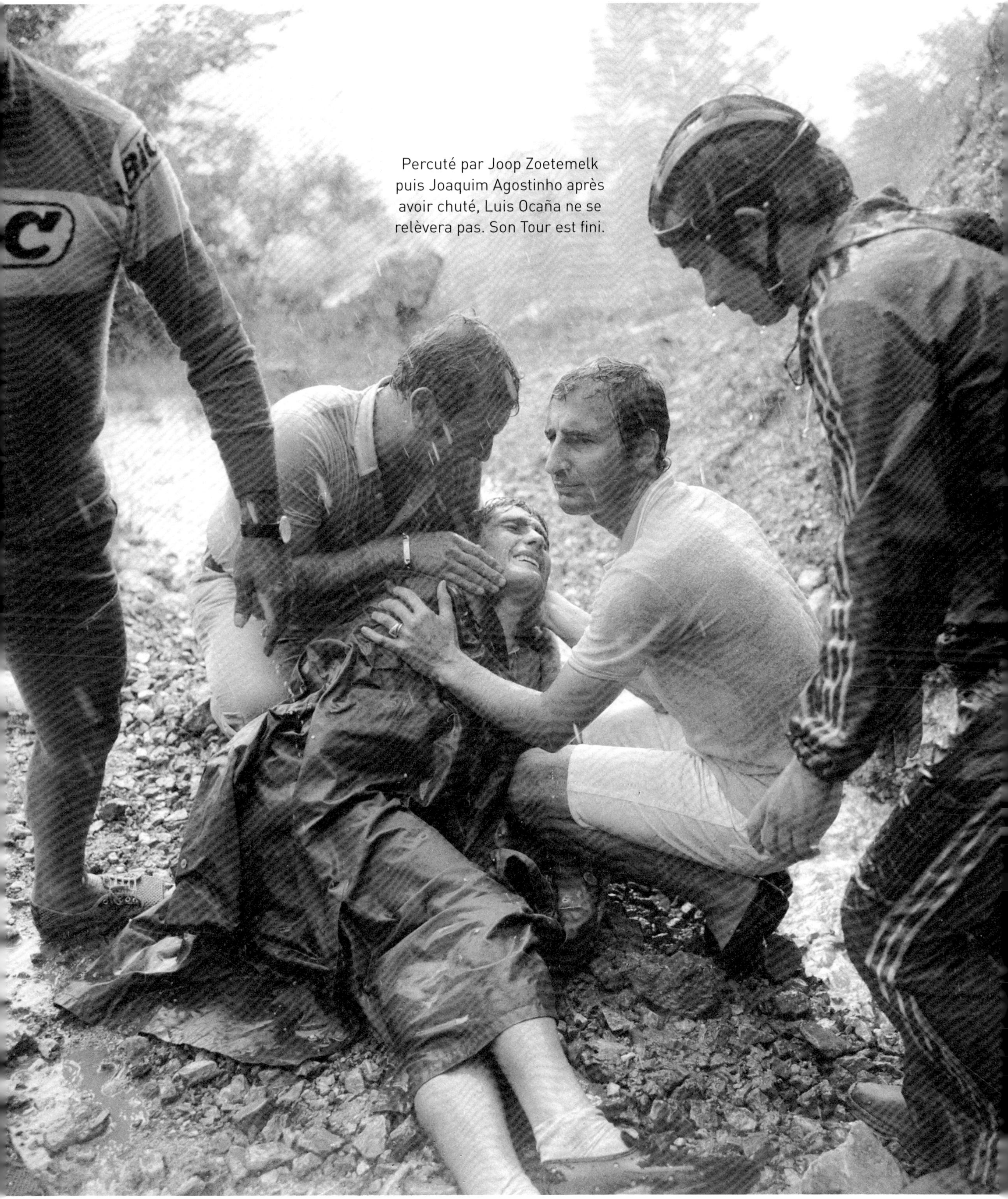

Percuté par Joop Zoetemelk puis Joaquim Agostinho après avoir chuté, Luis Ocaña ne se relèvera pas. Son Tour est fini.

1972

1er **Eddy Merckx** (Belgique), 3 846 km en 108 h 17 min 18 s
2e Felice Gimondi (Italie), à 10 min 41 s
3e Raymond Poulidor (France), à 11 min 34 s

Poulidor, Merckx et Guimard : les animateurs du Tour sourient.

Guimard vert de rage

La revanche entre Merckx et Ocaña tourne court : l'Espagnol perd toute chance en chutant à nouveau dans les Pyrénées… C'est Cyrille Guimard, toujours excellent rouleur et étonnant en montagne (il gagne à Aix-les-Bains et au Mont Revard), qui donnera tord au Belge. Jusqu'à la 18e étape, où il abandonne, souffrant d'inflammation aux genoux. Le Français y gagne le respect du Belge qui lui offrira son Maillot vert à Paris. Il garde pour lui le jaune, le quatrième de sa collection.

Entre Briançon et Valloire, Eddy Merckx doit s'employer pour distancer Cyrille Guimard de 56 secondes.

1973

1er Luis Ocaña (Espagne), 4 090 km en 122 h 25 min 34 s
2e Bernard Thévenet (France), à 15 min 51 s
3e José Manuel Fuente (Espagne), à 17 min 15 s

Sa « Poupou-larité » est légendaire. Sa malchance aussi : il chutera et abandonnera dans la 13e étape.

Grand d'Espagne

Luis Ocaña voulait une revanche sur le sort. Il ne l'a eu qu'à moitié. Car s'il gagne bien le Tour sans contestation, remportant six étapes, passant deux semaines en jaune et laissant son second à plus d'un quart d'heure de distance, il ne bat pas pour autant Eddy Merckx. Le Belge se « contente » cette année d'un doublé Giro-Vuelta, après ses succès dans le Paris-Roubaix, le Liège-Bastogne-Liège, le Gand-Wevelgem ou l'Amstel Gold Race... L'Espagnol, en tout cas, a brillé et on regrette le duel avorté. Car rien ni personne n'a résisté au nouveau Grand d'Espagne.

Efficace contre-la-montre, Luis Ocaña est éblouissant en montagne. Dans les deux cas, il est seul.

1974

1er **Eddy Merckx** (Belgique), 4 098 km en 116 h 16 min 58 s

2e Raymond Poulidor (France), à 8 min 04 s

3e Vicente López Carril (Espagne), à 8 min 09 s

Emmené par l'un de ses coéquipiers, Merckx est marqué par Poulidor.

La première virée du Tour en Angleterre est un échec. Plymouth ne concède qu'un triste bout d'autoroute à la course.

À 38 ans, Poulidor renaît et gagne une 7e étape, sept ans après la 6e.

Reçu cinq sur cinq

Cinquième Tour de France pour Eddy Merckx et cinquième succès… Merckx égale le record de Jacques Anquetil, sur la route d'un triplé Giro-Tour-championnat du monde… Invaincu dans la Grande boucle, mais on le devine déjà, plus invincible. Miné par des douleurs récurrentes au dos, le Belge s'économise. C'est-à-dire qu'il ne remporte « que » sept étapes (plus le prologue) et laisse le Maillot jaune six jours durant à d'autres coureurs. Plus sérieusement, il se contente de 8 minutes d'avance sur le vieux Raymond Poulidor, deuxième à 38 ans. C'est un signe.

1975

1er Bernard Thévenet (France), 4 000 km en 114 h 35 min 31 s
2e Eddy Merckx (Belgique), à 2 min 47 s
3e Lucien Van Impe (Belgique), à 5 min 01 s

Le Président de la République, Valéry Giscard d'Estaing entre un Maillot jaune (Thévenet) et un champion du Monde (Merckx).

Dans la montée vers Pra-Loup, Bernard Thévenet construit son succès. Il va s'emparer du Maillot jaune.

La fin d'une époque

Première arrivée sur les Champs-Élysées, premier Maillot à pois pour le meilleur grimpeur. Mais surtout, pour la première fois, Eddy Merckx est battu dans le Tour de France. Son vainqueur est Bernard Thévenet qui passe à l'attaque entre Nice et Pra-Loup (3 minutes de gain et le Maillot jaune) et enfonce le clou le lendemain, vers Serre-Chevalier (2 minutes 20 secondes de plus). Une époque se termine. Un spectateur assène un coup à Eddy Merckx, sur les pentes du puy de Dôme. Meurtri, blessé, mais digne.

Touché au foie par un spectateur dans le puy de Dôme, Eddy Merckx accuse le coup.

1976

1er Lucien Van Impe (Belgique), 4 017 km en 116 h 22 min 23 s
2e Joop Zoetemelk (Pays-Bas), à 4 min 14 s
3e Raymond Poulidor (France), à 12 min 08 s

Sur les Champs-Élysées, Henri Salvador et le journaliste Jean-Paul Brouchon se payent la tête de Raymond Poulidor.

Merckx absent, Van Impe, en jaune et Maertens, en vert enchantent la Belgique.

Heureuse Belgique

C'est un petit bonhomme de 1,67 m. Cet ancien porteur de journaux de 29 ans s'est toujours limité à viser le Grand Prix de la montagne... Mais son tout jeune directeur sportif, Cyrille Guimard, a de l'ambition pour lui et le coache à merveille. Lucien Van Impe domine les inusables Zoetemelk et Poulidor (troisième de son dernier Tour) et fait oublier à son pays, l'absence de Merckx. Le stupéfiant sprinteur Freddy Maertens (sept victoires d'étape et le prologue, pour sa première apparition dans le Tour) y contribue également.

Lucien Van Impe et Luis Ocaña ont comme toujours brillé en montagne. Mais le Belge, cette fois, s'est montré le plus fort.

1977

1er Bernard Thévenet (France), 4 096 km en 115 h 38 min 30 s
2e Hennie Kuiper (Pays-Bas), à 48 s
3e Lucien Van Impe (Belgique), à 3 min 32 s

À l'arrivée de la 17e étape, Chamonix-L'Alpe d'Huez, Thévenet manque de défaillir. La victoire est à ce prix.

Au bout de lui-même

Bernard Thévenet est exténué. 30 minutes après l'arrivée à l'Alpe d'Huez, il est toujours incapable de marcher. On doit l'aider pour gravir les quelques marches le conduisant à sa chambre d'hôtel... Hennie Kuiper s'est imposé, mais le Français a conservé son Maillot jaune pour 8 secondes. Et il prévient : « Il est l'heure de récupérer, et ça, je sais le faire mieux que d'autres. » Cinq jours plus tard à Paris, il remporte son deuxième Tour de France avec 48 secondes d'avance sur le Néerlandais. Par la grâce d'une victoire, dans le contre-la-montre de Dijon. Increvable.

Les Champs-Élysées sacrent Bernard Thévenet une seconde fois après 1975.

1978

1er **Bernard Hinault** (France), 3 908 km en 112 h 03 min 02 s
2e Joop Zoetemelk (Pays-Bas), à 3 min 56 s
3e Joaquim Agostinho (Portugal), à 6 min 54 s

À Valence d'Agen, les coureurs manifestent leur mécontentement.

Bernard bis

Les coureurs font grève, à Valence d'Agen, pour protester contre les horaires de départ. Le champion de Belgique, Michel Pollentier alors Maillot jaune, est pris à tricher lors du contrôle anti-dopage à l'Alpe d'Huez, où il vient de se vêtir de jaune... Tour maudit ? Une bonne nouvelle arrive enfin, la victoire d'un néophyte du Tour, un jeune Français de 23 ans. Un Bernard qui succède à un autre. Celui-là s'appelle Hinault, contrôle les grimpeurs avant de les éliminer dans le contre-la-montre. Déjà grand.

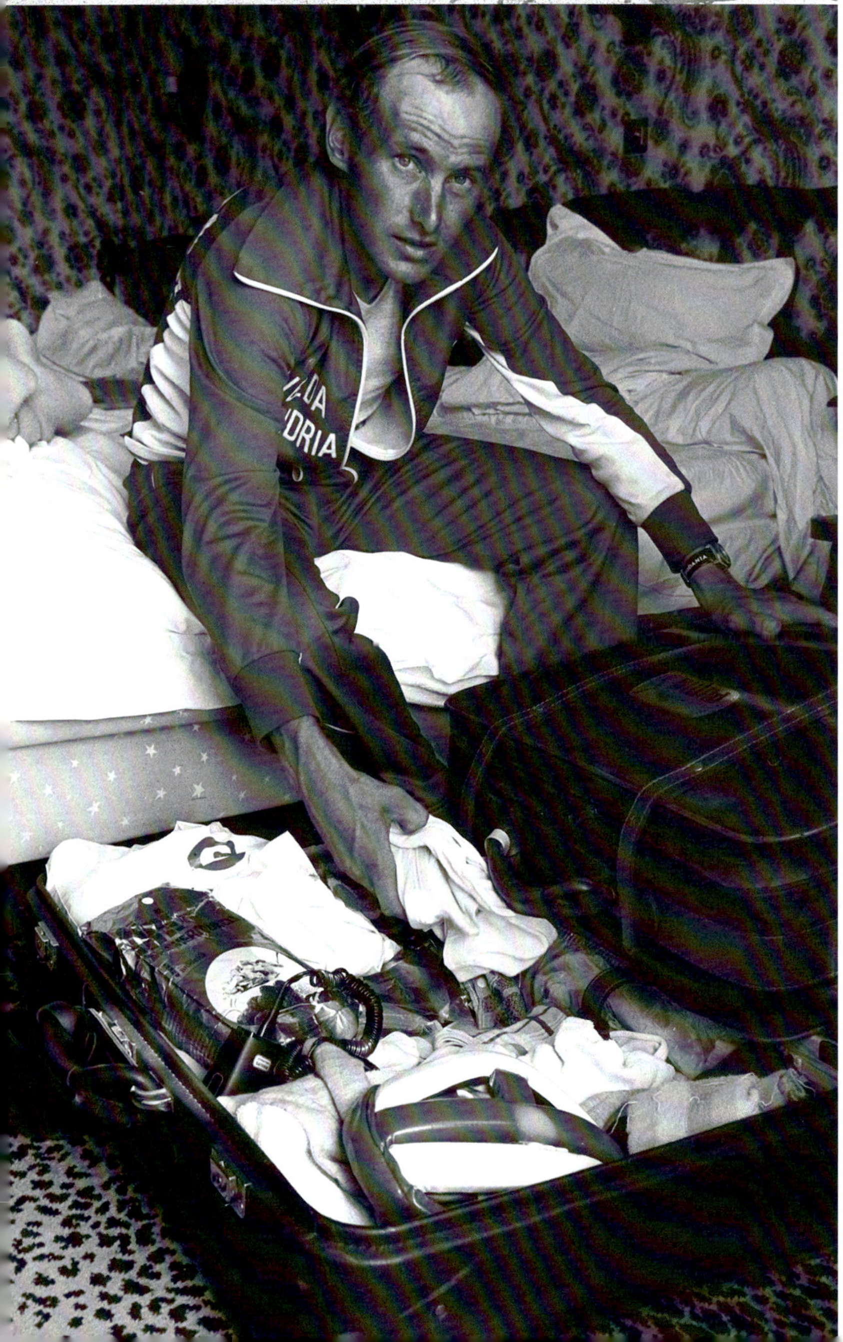

Michel Pollentier quitte le Tour : il a tenté de donner au contrôle anti-dopage une urine qui n'était pas la sienne.

Pollentier est fringant, Hinault résiste et Zoetemelk souffre dans l'ascension de Saint-Lary Pla d'Adet.

1979

1er **Bernard Hinault** (France), 3 765 km en 103 h 06 min 50 s
2e Joop Zoetemelk (Pays-Bas), à 13 min 07 s
3e Joaquim Agostinho (Portugal), à 26 min 53 s

Zoetemelk en vert (Hinault le dépouillera de son maillot), Hinault en jaune, Battaglin à pois : les rôles sont presque distribués.

Baroud d'honneur

La tentative peut faire sourire, mais Joop Zoetemelk pourra affirmer qu'il a tout essayé... Dans la dernière étape, entre Le Perreux et les Champs-Élysées, le Néerlandais, alors deuxième du classement général, tente l'échappée solitaire. Un seul coureur parvient à le suivre : Bernard Hinault dans son Maillot jaune. L'improbable équipée du vainqueur et de son dauphin permettra au Breton d'empocher une septième victoire d'étape dans ce Tour, la troisième lors des quatre derniers jours. Avec panache.

L'acteur Lino Ventura, invité d'honneur de l'étape Luchon-Pau a misé sur le bon coursier : Hinault l'emportera.

1980

1er Joop Zoetemelk (Pays-Bas), 3 842 km en 109 h 19 min 14 s
2e Hennie Kuiper (Pays-Bas), à 6 min 55 s
3e Raymond Martin (France), à 7 min 56 s

La patience récompensée

Joop Zoetemelk a déjà terminé cinq fois à la deuxième place du Tour de France (1970, 1971, 1976, 1978, 1979). Il réalisera la même performance en 1982. Alors forcément, gagner la Grande boucle est autant un soulagement qu'une joie... Pour l'ensemble de sa carrière, le Néerlandais méritait cette victoire, toutefois acquise grâce à l'abandon de Bernard Hinault (alors Maillot jaune) blessé au genou. Il termine devant son compatriote Hennie Kuiper, dauphin lui-même pour la deuxième fois.

Hinault grimace. À Pau, il abandonnera, victime d'une tendinite tenace.

Furtif Maillot jaune en 1971, 1973, 1978 et 1979 déjà, Zoetemelk conservera cette fois sa tunique jusqu'à Paris.

1981

1ᵉʳ Bernard Hinault (France), 3 758 km en 96 h 19 min 38 s
2ᵉ Lucien Van Impe (Belgique), à 14 min 34 s
3ᵉ Robert Alban (France), à 17 min 04 s

Hinault serre les dents, les autres (Zoetemelk, à gauche et Van Impe caché) ouvrent grand la bouche. En apnée...

La mise au point

Dans l'étape Morzine-L'Alpe d'Huez, le Breton a le masque. Il ne terminera « que » deuxième, derrière le Néerlandais Peter Winnen... Il n'a pourtant déjà plus de rival crédible depuis longtemps, mais Hinault n'aime pas laisser passer des victoires. Il se vengera d'ailleurs le lendemain, prouvant – il n'en était nul besoin – qu'il est bien le patron. C'est son troisième sacre à Paris, avec presque un quart d'heure d'avance sur son second...

1982

1er Bernard Hinault (France), 3 507 km en 92 h 08 min 46 s
2e Joop Zoetemelk (Pays-Bas), à 6 min 21 s
3e Johan van der Velde (Pays-Bas), à 8 min 59 s

Carré d'as

Bernard Hinault gagne le prologue à Bâle, en Suisse. Il remporte la dernière étape, sur les Champs-Élysées à Paris. Et au sprint, de surcroit. Existe-t-il meilleure illustration de sa domination sans partage ? Le champion breton a survolé l'épreuve, dominant à nouveau Zoetemelk, 36 ans, pour conquérir un quatrième succès. Il a dépassé Thys et Bobet, et n'est plus qu'à une victoire du record d'Anquetil et Merckx. Presque trop facilement.

Dans le contre-la-montre de Saint-Priest, Hinault conforte son avance.

Tour de France, tour de la France. La Bretagne, terre de cyclisme, applaudit ses héros.

1983

1er Laurent Fignon (France), 3 809 km en 105 h 07 min 52 s
2e Ángel Arroyo (Espagne), à 4 min 04 s
3e Peter Winnen (Pays-Bas), à 4 min 09 s

Laurent Fignon, qui devance ici Jacques Michaud et Pedro Delgado, n'a rien cédé en montagne.

Nouvelles têtes

Hinault forfait, le Tour se renouvelle. Des amateurs colombiens donnent une dimension Open à la course. Éric Vanderaerden (22 ans), Jean-Louis Gauthier, Kim Andersen se succèdent dans le Maillot jaune avant Pascal Simon. Mais à peine ce dernier l'a-t-il revêtu à Luchon, qu'il tombe et se fracture l'épaule. Le Champenois insiste et son calvaire durera six jours avant qu'il n'abandonne. Laurent Fignon, désormais leader, assume alors ses responsabilités, avec une impressionnante maturité, à moins de 23 ans.

Récompensé par Edwige Avice, ministre des sports (en rose), Fignon jubile.

1984 — Laurent FIGNON

1er Laurent Fignon (France), 3 809 km en 105 h 07 min 52 s
2e Ángel Arroyo (Espagne), à 4 min 04 s
3e Peter Winnen (Pays-Bas), à 4 min 09 s

L'acteur américain Dustin Hoffman en repérage, pour un film qui ne verra jamais le jour.

Le Tour est joué et Hinault a admis la supériorité de Fignon. Dans la dernière étape, il peut en rire.

La vie dure

À l'intersaison, Hinault a quitté l'équipe Renault qui l'a fait roi, pour La Vie Claire. Ses jeunes ex-coéquipiers vont lui mener la vie dure : non contents de remporter le contre-la-montre par équipes, Marc Madiot, Pascal Jules, Pierre-Henri Menthéour, Pascal Poisson s'imposent individuellement, et Vincent Barteau porte douze jours le Maillot Jaune. Il le cède à son équipier Laurent Fignon, cinq victoires d'étape et vainqueur final... Hinault termine deuxième, à plus de dix minutes, entre deux Renault : Fignon et LeMond.

À chaque occasion, Fignon essaye de distancer Hinault, comme ici au Domaine du Rouret (14e étape).

1985

1er Bernard Hinault (France), 4 109 km en 113 h 24 min 23 s
2e Greg LeMond (États-Unis), à 1 min 42 s
3e Stephen Roche (Irlande), à 4 min 29 s

Un duo de Bernard : Tapie (patron de La Vie Claire) et Hinault.

Bernard Hinault mène devant Phil Anderson, Greg LeMond et Régis Simon : les jeunes poussent.

Cinq pour l'éternité

Greg LeMond a été débauché pour aider Bernard Hinault à gagner un cinquième Tour, comme Anquetil et Merckx avant lui. En l'absence de Fignon, forfait, l'Américain a du mal à se contenir quand il sent sa victoire possible. Hinault, souverain jusque-là, s'est fracturé le nez dans une chute à l'arrivée de la 14e étape. Il terminera le Tour vainqueur, mais forcément éprouvé physiquement. Pour prix de sa loyauté, LeMond s'est fait promettre d'être aidé à gagner l'année suivante...

1986

1er Greg LeMond (États-Unis), 4 094 km en 110 h 35 min 19 s
2e Bernard Hinault (France), à 3 min 10 s
3e Urs Zimmermann (Suisse), à 10 min 54 s

Dans la montée vers l'Alpe d'Huez, deux équipiers associés. LeMond ne disputera pas la victoire à Hinault.

Et voilà l'Amérique

Hinault l'avait promise, mais il fait payer cher à LeMond son aide, allant jusqu'à s'emparer du Maillot jaune au soir de la 12e étape... L'Américain rétablit la situation dans les Alpes, cinq jours plus tard, et dès lors règne l'entente cordiale. Trois victoires d'étape (pour une à LeMond), la deuxième place, le Maillot à pois pour Hinault et le succès final, le premier d'un non-Européen sur le Tour, à son coéquipier. Le Breton quitte le Tour de France la tête haute.

1987

1er Stephen Roche (Irlande), 4 231 km en 115 h 27 min 42 s
2e Pedro Delgado (Espagne), à 40 s
3e Jean-François Bernard (France), à 2 min 13 s

Madame Roche félicite son mari à Paris.

Eire nouvelle

Symboles de l'internationalisation du cyclisme pro, un départ à Berlin-Ouest au pied du Mur pour tenter d'attirer les « amateurs » de l'Est, et un vainqueur pour la première fois de nationalité irlandaise. L'épatant Stephen Roche n'écrase pas la course, il s'en sort même avec une marge d'avance minime. Mais ces 40 secondes d'écart sont une marche vers le fantastique triplé Giro-Tour de France-Championnat du monde qu'il réalise cette année-là. Comme Merckx, et lui seul, en 1974.

Éternel sourire aux lèvres, Stephen Roche est apprécié du patron du Tour, Jacques Goddet.

Berlin-Ouest célèbre le départ du Tour avec enthousiasme. Les caliquots lui souhaitent la bienvenue.

1988

1er **Pedro Delgado** (Espagne), 3 286 km en 84 h 27 min 58 s
2e Steven Rooks (Pays-Bas), à 7 min 13 s
3e Fabio Parra (Colombie), à 9 min 58 s

À Guzet-Neige, Philippe Bouvatier, mal dirigé par les commissaires, perd l'étape. Émoi parmi les journalistes.

Sa victoire ne fait déjà plus de doute déjà, mais vers Luz Ardiden, Pedro Delgado prend encore quelques distances avec ses rivaux.

Vrai-fausse victoire

L'Espagnol Pedro Delgado suscite l'admiration. Il porte le Maillot jaune depuis l'arrivée à l'Alpe d'Huez (12e étape) et sera un beau vainqueur… Et puis, tout bascule. De la probénécide est retrouvée dans ses urines au terme de l'étape suivante. Ce diurétique (utilisé comme produit masquant) le rendrait positif au contrôle anti-dopage pour la plupart des fédérations. Mais pas pour l'UCI qui régit le cyclisme, et qui n'a pas encore interdit son usage. Dopé ? Sans doute. Coupable ? Non. Delgado gagne le Tour, mais lui-même ne fait pas le fier.

Dans l'un des premiers lacets de l'Alpe d'Huez, un groupe s'est déjà détaché.

1989

1er Greg LeMond (États-Unis), 3 285 km en 87 h 38 min 35 s
2e Laurent Fignon (France), à 8 s
3e Pedro Delgado (Espagne), à 3 min 34 s

Sur l'écran géant, le temps de Laurent Fignon vient de s'inscrire : Greg LeMond comprend qu'il vient de gagner le Tour.

Huit secondes

Depuis le départ, l'écart entre Laurent Fignon et Greg LeMond n'a jamais excédé les 51 secondes au bénéfice du Français ou les 53 secondes pour l'Américain... Mais à la veille du dernier contre-la-montre de 24,5 kilomètres entre Versailles et Paris, il semble suffisant (50 secondes) pour que Fignon l'emporte... Seconde après seconde, LeMond réduit pourtant son retard. Au terme des 3 285 kilomètres, l'Américain remporte son deuxième Tour en 87 heures 38 minutes 35 secondes, soit 8 secondes de moins que le Français. Du jamais vu.

Dévasté par le verdict du dernier contre-la-montre, Laurent Fignon ne cache pas sa douleur.

1990

1er **Greg LeMond** (États-Unis), 3 504 km en 90 h 43 min 20 s
2e Claudio Chiappucci (Italie), à 2 min 16 s
3e Erik Breukink (Pays-Bas), à 2 min 29 s

Fêté par ses équipiers de l'équipe Z, Greg LeMond savoure sa 3e victoire dans le Tour.

à deux jours près

Une échappée négligée dans la première étape, et voilà un groupe d'outsiders avec plus de 10 minutes d'avance au classement général sur les favoris... Parmi eux, Steve Bauer, qui prend le Maillot jaune, qu'il cèdera à Ronan Pensec pour deux jours. L'Italien Claudio Chiappucci, son successeur, fait de la résistance et tient bon, jusqu'à la veille de l'arrivée. Greg LeMond profite alors du contre-la-montre pour faire respecter sa logique et remporter son troisième Tour. Ouf !

Indurain, la manière forte

Pedro Delgado avait désigné dès 1988 son successeur espagnol au palmarès du Tour : ce serait sans aucun doute Laudelino Cubino Gonzalez, talentueux, 13e de l'édition et vainqueur de l'étape de Luz Ardiden... Erreur. Delgado ne pouvait pas se douter de la subite métamorphose de son propre équipier, Miguel Indurain.

Le Navarrais, né le 16 juillet 1964, il a déjà disputé six Tours de France lorsque s'élance à Lyon celui de 1991. Il a certes progressé, mais n'a jamais terminé mieux qu'à la dixième place (l'année précédente, à près de 13 minutes de LeMond). Et pourtant, à 26 ans, il va affirmer une suprématie qui durera cinq années consécutives.

La signature de ce discret *serial killer* ? La manière forte. Surpuissant (1,88 m pour 80 kg), il écrase ses adversaires dans les contre-la-montre et ne cède pas de temps en montagne à ses rivaux. Il est aussi dangereux au classement général. Pas d'esbroufe, de l'efficacité. En cinq ans, il remporte cinq Tours (en plus de deux Giros) et dix étapes, toutes contre-la-montre... Cinq dauphins différents se cassent les dents sur lui : Bugno, Chiappucci, Rominger, Ugrumov, Zülle, toujours dominés, jamais humiliés.

Miguel Indurain rejoint ainsi Anquetil, Merckx et Hinault, mais réalise une première, avec ses succès d'affilée. Grand parmi les Grands. Et cela, Delgado le vainqueur contesté de 1988, ne pouvait vraiment pas le deviner.

1991

1er **Miguel Indurain** (Espagne), 3 914 km en 101 h 01 min 20 s
2e Gianni Bugno (Italie), à 3 min 36 s
3e Claudio Chiappucci (Italie), à 5 min 56 s

À Gianni Bugno, champion d'Italie, la victoire à L'Alpe d'Huez.
Mais à Indurain, en jaune, le Tour.

Au pied de l'Alpe d'Huez, le peloton est encore groupé.

1992

1er **Miguel Indurain** (Espagne), 3 983 km en 100 h 49 min 30 s
2e Claudio Chiappucci (Italie), à 4 min 35 s
3e Gianni Bugno (Italie), à 10 min 49 s

À deux jours de l'arrivée, Indurain enfonce le clou en triomphant dans le contre-la-montre Tours-Blois.

En montagne, le peloton n'éprouve aucune difficulté à distancer les bovins de passage.

1993

1er **Miguel Indurain** (Espagne), 3 714 km en 95 h 57 min 09 s
2e Tony Rominger (Suisse), à 4 min 59 s
3e Zenon Jaskuła (Pologne), à 5 min 48 s

Entre les Sables-d'Olonne et Vannes (3e étape), le peloton s'offre un itinéraire touristique pittoresque : le passage du Gois.

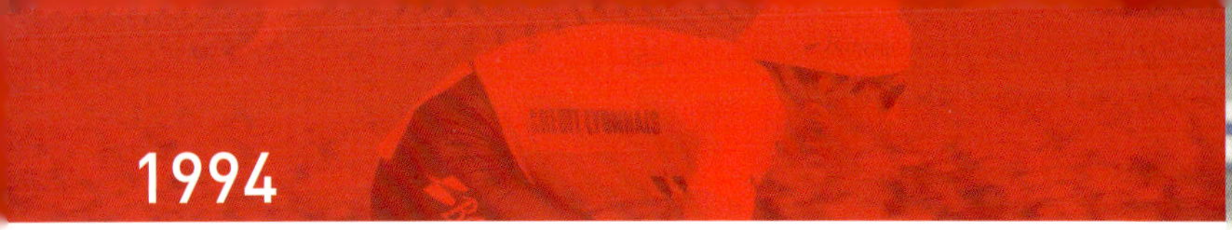

1994

1er **Miguel Indurain** (Espagne), 3 978 km en 103 h 38 min 38 s
2e Piotr Ugrumov (Lettonie), à 5 min 39 s
3e Marco Pantani (Italie), à 7 min 19 s

Fou de joie, Richard Virenque remporte à Luz Ardiden sa première victoire dans le Tour.

Luc Leblanc triomphera à Lourdes-Hautacam (ici), Richard Virenque le lendemain à Luz Ardiden. Mais le patron est bien Indurain.

1995

1er **Miguel Indurain** (Espagne), 3 653 km en 92 h 44 min 59 s

2e Alex Zülle (Suisse), à 4 min 35 s

3e Bjarne Riis (Danemark), à 6 min 47 s

Le 14 juillet, Laurent Jalabert l'emporte au terme d'une échappée de 198 km entre Saint-Étienne et Mende. Phénoménal.

Au lendemain du décès de l'Italien Fabio Casartelli dans la descente du Portet d'Aspet, le peloton se recueille.

1996

1er **Bjarne Riis** (Danemark), 3 765 km en 95 h 57 min 16 s
2e Jan Ullrich (Allemagne), à 1 min 41 s
3e Richard Virenque (France), à 4 min 37 s

Sous les coups de boutoir de Riis (en jaune), Miguel Indurain va sombrer : il terminera 11e à Paris, à 14 minutes 14 secondes du Danois.

L'étape Val d'Isère-Sestrières est raccourcie : l'Iseran (enneigé) et le Galibier (exposé au vent) sont évités.

Stupéfiante métamorphose

La succession de Miguel Indurain est assurée par un coureur ayant trois mois de plus que lui… Le Danois Bjarne Riis (5e en 1993, 3e en 1995) change soudain de dimension et s'offre – avec son jeune coéquipier Jan Ullrich, 22 ans – une véritable balade, passant notamment douze jours en jaune. Il reconnaîtra en 2007 avoir eu recours à l'EPO et sera un temps déchu de sa victoire, avant d'être réintégré au palmarès, avec mention de ses aveux.

1997

1er Jan Ullrich (Allemagne), 3 944 km en 100 h 30 min 35 s
2e Richard Virenque (France), à 9 min 09 s
3e Marco Pantani (Italie), à 14 min 03 s

Richard Virenque s'impose à Courchevel et fait mine d'entretenir l'espoir. Mais Ullrich est trop fort.

À 23 ans, l'Allemand Ullrich, tout en puissance dans la montée de l'Alpe d'Huez, est déjà au sommet de son art.

Montée en puissance

Après un Américain (1986), un Irlandais (1987), un Danois (1996), c'est un Allemand (né en RDA) qui apporte cette fois une première victoire à son (nouveau) pays. Preuve de la mondialisation en cours du Tour de France. Jan Ullrich, impressionnant dauphin de Riis l'année précédente, s'impose en force remportant deux étapes : en montagne et contre-la-montre. C'est la suite d'une longue histoire d'amour entre le jeune homme et la Grande boucle. De 1996 à 2005, il montera sept fois au total sur le podium de l'épreuve.

Le podium du Tour : Pantani (3e) mène devant Virenque (2e) et Ullrich (1er). Deux grimpeurs et un champion.

1998

1er Marco Pantani (Italie), 3 875 km en 92 h 49 min 46 s
2e Jan Ullrich (Allemagne), à 3 min 21 s
3e Bobby Julich (États-Unis), à 4 min 08 s

Richard Virenque tente de se défendre : peine perdue. Son équipe est exclue.

Le Tour-chaos

Le Tour déborde des rubriques sportives. Toute l'équipe Festina est exclue après les révélations d'un soigneur interpellé en possession de produits dopants. Les formations TVM et espagnoles quittent la course en catimini. Les coureurs manifestent contre les suspicions... Chaos absolu. Sur le plan sportif, Marco Pantani s'impose grâce à ses exploits répétés en montagne. On aimerait applaudir. Mais le personnage est sulfureux. Il sera exclu du Giro en 1999, puis 2001 pour dopage. Et en 2004, il trouvera la mort, victime d'une surdose de cocaïne.

À Tarascon-sur-Ariège, le peloton fait un *sit-in* avant le départ pour protester contre le climat de persécution.

Les performances de l'Italien Pantani ne parviendront pas à faire oublier les « affaires ».

1999

1er **Lance Armstrong** (États-Unis), 3 687 km en 91 h 32 min 16 s
2e Alex Zülle (Suisse), à 7 min 37 s
3e Fernando Escartin (Espagne), à 10 min 26 s

Dans le passage du Gois, pendant l'étape Challans-Saint-Nazaire, certains perdent déjà le Tour sur une chute collective.

99 LE TOUR DE FRANCE

À la veille de l'arrivée, Armstrong remporte sa 4e étape, le contre-la-montre du Futuroscope. Le boss, c'est lui.

2000

1er Lance Armstrong (États-Unis), 3 661 km en 92 h 33 min 08 s
2e Jan Ullrich (Allemagne), à 6 min 02 s
3e Joseba Beloki (Espagne), à 10 min 04 s

En 2000, le mont Ventoux sacre deux champions : Lance Armstrong et l'un de ses meilleurs ennemis, Marco Pantani.

Le rêve américain

Au soir de sa victoire en 2005, l'Américain Lance Armstrong sent bien que le public est autant soulagé de l'annonce de sa retraite, qu'enthousiasmé par son septième succès. Il se lâche : « Je voudrais adresser un message à ceux qui ne croient pas au cyclisme, aux cyniques, aux sceptiques. Je suis navré qu'ils ne croient pas aux miracles, aux rêves. Tant pis pour eux ».

Le miracle ? Celui d'un bon coureur cycliste, plutôt catalogué comme spécialiste des Classiques, qui sort métamorphosé d'un combat victorieux contre le cancer. Il avait certes par le passé, brillé sur le Tour, remportant une étape de plat, en ligne, à l'occasion. Mais le voilà soudain imbattable contre-la-montre et capable d'exploits en montagne comme à Sestrières (1999) ou à Hautacam (2000)...

Armstrong surprend, étonne, interpelle... Et ce n'est qu'un début : il enchaînera sept victoires d'affilée, reléguant toute une génération de coureurs au rang de faire-valoir. Sept années sans faille, sans blessure, sans accident de parcours...

Comme Indurain, Armstrong consacre toute sa saison au Tour de France, et plus que lui encore, il fait preuve d'un professionnalisme exacerbé. Mais tout de même... Certains, c'est exact, n'ont jamais cru au miracle. Ils ont été confortés dans leurs doutes par les « affaires » de dopage présumé qui fleurissent depuis la fin de carrière de l'Américain. Tant pis pour eux, vraiment ?

2001

1er Lance Armstrong (États-Unis), 3 454 km en 86 h 17 min 28 s

2e Jan Ullrich (Allemagne), à 6 min 44 s

3e Joseba Beloki (Espagne), à 9 min 05 s

2002

1er Lance Armstrong (États-Unis), 3 277 km en 82 h 05 min 12 s

2e Joseba Beloki (Espagne), à 7 min 17 s

3e Raimondas Rumšas (Lituanie), à 8 min 17 s

Les drapeaux américains fleurissent lorsque Lance Armstrong arrive. Il a fait découvrir le cyclisme à son pays.

2003

1er **Lance Armstrong** (États-Unis), 3 426 km en 83 h 41 min 12 s

2e Jan Ullrich (Allemagne), à 1 min 01 s

3e Alexandre Vinokourov (Kazakhstan), à 4 min 14 s

Armstrong chute (avec Mayo) dans la 15e étape. Cela ne change rien. Ullrich (en bleu) reste son adversaire préféré. Derrière lui.

Cent ans après sa première édition, le Tour de France s'élance à nouveau devant le Réveil Matin, à Montgeron.

Vainqueur à Villard-de-Lans la veille, vainqueur au Grand-Bornand le lendemain, Armstrong ne laisse pas non plus passer sa chance dans le contre-la-montre de l'Alpe d'Huez, en 2004. Boulimique.

AMD
Discovery CHANNEL
Giro
CREDIT LYONNAIS
le Tour de France 2005
Discovery CHANNEL

2004

1er Lance Armstrong (États-Unis), 3 391 km en 83 h 36 min 02 s
2e Andreas Klöden (Allemagne), à 6 min 19 s
3e Ivan Basso (Italie), à 6 min 40 s

La France découvre l'épatant Thomas Voeckler, Maillot jaune pendant 11 jours.

2005

1er **Lance Armstrong** (États-Unis), 3 607 km en 86 h 15 min 02 s
2e Ivan Basso (Italie), à 4 min 40 s
3e Francisco Mancebo* (Espagne), à 9 min 59 s
* Jan Ullrich (Allemagne), 3e, déclassé.

Le Danois Rasmussen est parti 6 minutes avant Armstrong dans le contre-la-montre de Saint-Étienne. Pas suffisant pour éviter l'affront d'être rattrapé par l'Américain.

2006

1er Óscar Pereiro* (Espagne), 3 657 km en 89 h 40 min 27 s
2e Andreas Klöden (Allemagne), à 32 s
3e Carlos Sastre (Espagne), à 2 min 39 s
* Floyd Landis (États-Unis), vainqueur, déclassé.

Tour de farce

Le premier Tour de l'après-Armstrong est gagné par l'un de ses anciens équipiers, Floyd Landis... Du moins, au soir de l'arrivée, car trois jours plus tard, l'Américain est disqualifié pour dopage. Le succès revient alors au modeste Espagnol Óscar Pereiro qui semble sortir vainqueur d'un concours de circonstances. Ne s'est-il pas retrouvé propulsé en première ligne grâce à une échappée grotesque, dans la 13e étape, qui a permis à sept sans-grades de prendre près de 30 minutes au peloton ? Mais lui, au moins, a mérité sa victoire.

Bonne surprise française à Gap : Pierrick Fédrigo apporte une première victoire à son équipe Bouygues.

Fils de l'ancien pro Johnny Schleck, Fränk gagne à l'Alpe d'Huez. En attendant son frère Andy dans le peloton.

Óscar Pereiro en jaune : dans ses rêves les plus fous, l'Espagnol n'aurait jamais imaginé gagner le Tour. Il ne laissera pas passer sa chance.

2007

1er **Alberto Contador** (Espagne), 3 570 km en 91 h 00 min 26 s
2e Cadel Evans (Australie), à 23 s
3e Levi Leipheimer (États-Unis), à 31 s

Le peloton traverse la Tamise sur *Tower Bridge*. L'Angleterre s'est trouvée une petite Reine.

Un grand gâchis

Un départ exceptionnel à Londres, un vainqueur africain (Robert Hunter) à Montpellier, un suspens incroyable jusqu'à l'arrivée où les trois premiers se tiennent en 31 secondes, et un vainqueur enthousiasmant, le jeune Espagnol Contador… Une merveille de Tour ? Ce serait oublier la mise hors-course, pour dopage, du Kazakh Vinokourov. Et surtout, l'exclusion par sa propre équipe du Danois Michael Rasmussen, alors Maillot jaune depuis dix jours, coupable de s'être soustrait à des contrôles. Les années se suivent, les mauvaises pratiques demeurent.

LCL
SIDI

2008

1er Carlos Sastre (Espagne), 3 558 km en 87 h 52 min 52 s
2e Cadel Evans (Australie), à 58 s
3e Denis Menchov* (Russie), à 2 min 10 s
* Bernhard Kohl (Autriche), 3e, déclassé.

À chacun son mérite

Équipier modèle, coureur de l'ombre, Carlos Sastre apparaît en plein soleil à l'Alpe d'Huez puis contient Cadel Evans dans l'ultime contre-la-montre. À 33 ans, l'Espagnol connaît son jour de gloire, lui qui a enchaîné les Tours, Giros et Vueltas, tout au long de sa carrière. D'autres, dans le peloton obtiennent également ce qu'ils méritent : l'Allemand Schumacher (deux victoires contre-la-montre), les Italiens Ricco et Piepolli (trois étapes à eux deux) et l'Autrichien Kohl (3e du général et Maillot à pois) sont exclus ou effacés des classements.

C'est à l'Alpe d'Huez que Carlos Sastre a bâti son succès. Il restera en jaune, ensuite.

2009

1er Alberto Contador (Espagne), 3 459 km en 85 h 48 min 35 s
2e Andy Schleck (Luxembourg), à 4 min 11 s
3e Lance Armstrong (États-Unis), à 5 min 24 s

Deuxième victoire finale pour Contador qui s'impose ici, contre-la-montre, à Annecy.

Le visage de Lance Armstrong (ici devant Andy Schleck et Alberto Contador) trahit autant ses doutes que son âge.

Combat de générations

Lance Armstrong n'a pas tenu parole. À 37 ans, et après trois années sans compétition, il se lance à l'assaut d'un nouveau défi. Mauvaise idée : il le fait au sein de la formation Astana, qui compte dans ses rangs l'Espagnol Contador... Entre les deux pseudo-coéquipiers, la lutte est féroce jusqu'au plateau de Verbier, où l'Américain craque. Il terminera troisième, dominé également par le jeune Luxembourgeois Andy Schleck. Pour Contador, c'est un deuxième succès.

2010

1er **Andy Schleck*** (Luxembourg), 3 642 km en 91 h 59 min 28 s

2e Denis Menchov (Russie), à 1 min 22 s

3e Samuel Sánchez (Espagne), à 3 min 01 s

* Alberto Contador, vainqueur, déclassé.

Le duel illusoire

Trente-huit petites secondes à l'arrivée. Les mêmes que celles perdues par Andy Schleck le jour où, victime d'un saut de chaîne, il a été attaqué par son rival espagnol. Cette manœuvre était-elle *fair play* ? Qu'importe en fait, puisque qu'après dix-huit mois de procédure, le Luxembourgeois Andy Schleck sera déclaré vainqueur du Tour de France. Alberto Contador, positif au clenbuterol (un anabolisant) tentera tout pour éviter le déclassement. En vain. Le duel entre les deux inséparables n'a finalement pas eu lieu. Juste un effet d'optique.

Tout au long du Tour, comme ici dans le Tourmalet, Andy Schleck en blanc et Contador resteront roue dans roue. Mais le perdant n'est pas celui que l'on croit.

LCL
ASTANA
Škoda
SAXO BANK
SRAM

2011

1er **Cadel Evans** (Australie), 3 430 km en 86 h 12 min 22 s
2e Andy Schleck (Luxembourg), à 1 min 34 s
3e Fränk Schleck (Luxembourg), à 2 min 30 s

Jusqu'au bout, Thomas Voeckler aura défendu son Maillot avec détermination, forçant l'admiration de tous.

Aux antipodes de 2010

Un même Tour peut-il s'offrir deux vainqueurs ? Sans aucun doute. Au palmarès, l'exemplaire Cadel Evans devient le premier Australien vainqueur de l'épreuve. À 34 ans, il rattrape le temps perdu, lui qui n'a fait ses débuts qu'à l'âge de 28 ans, après une carrière en VTT. Dans les cœurs, il est toutefois battu d'un souffle par Thomas Voeckler 4e, à Paris. Le Français a porté le Maillot jaune dix jours durant, enthousiasmant le public par son tempérament, son charisme, son courage, son naturel. Deux vainqueurs. Et même un troisième : le Tour lui-même.

Enfin, Cadel Evans est récompensé. À 34 ans, il croit rêver.

Classement du meilleur grimpeur

1933	Vicente Trueba (Espagne)
1934	René Vietto (France)
1935	Félicien Vervaecke (Belgique)
1936	Julian Berrendero (Espagne)
1937	Félicien Vervaecke (Belgique)
1938	Gino Bartali (Italie)
1939	Sylvère Maes (Belgique)
1947	Pierre Brambilla (Italie)
1948	Gino Bartali (Italie)
1949	Fausto Coppi (Italie)
1950	Louison Bobet (France)
1951	Raphaël Géminiani (France)
1952	Fausto Coppi (Italie)
1953	Jesus Lorono (Espagne)
1954	Federico Bahamontes (Espagne)
1955	Charly Gaul (Luxembourg)
1956	Charly Gaul (Luxembourg)
1957	Gastone Nencini (Italie)
1958	Federico Bahamontes (Espagne)
1959	Federico Bahamontes (Espagne)
1960	Imerio Massignan (Italie)
1961	Imerio Massignan (Italie)
1962	Federico Bahamontes (Espagne)
1963	Federico Bahamontes (Espagne)
1964	Federico Bahamontes (Espagne)
1965	Julio Jimenez (Espagne)
1966	Julio Jimenez (Espagne)
1967	Julio Jimenez (Espagne)
1968	Aurelio Gonzalez (Espagne)
1969	Eddy Merckx (Belgique)
1970	Eddy Merckx (Belgique)
1971	Lucien Van Impe (Belgique)
1972	Lucien Van Impe (Belgique)
1973	Pedro Torres (Espagne)
1974	Domingo Perurena (Espagne)
1975 (*)	Lucien Van Impe (Belgique)
1976	Giancarlo Bellini (Italie)
1977	Lucien Van Impe (Belgique)
1978	Mariano Martínez (France)
1979	Giovanni Battaglin (Itallie)
1980	Raymond Martin (France)
1981	Lucien Van Impe (Belgique)
1982	Bernard Vallet (France)
1983	Lucien Van Impe (Belgique)
1984	Robert Millar (Royaume-Uni)
1985	Luis Herrera (Colombie)
1986	Bernard Hinault (France)
1987	Luis Herrera (Colombie)
1988	Steven Rooks (Pays-Bas)
1989	Gert-Jan Theunisse (Pays-Bas)
1990	Thierry Claveyrolat (France)
1991	Claudio Chiappucci (Italie)
1992	Claudio Chiappucci (Italie)
1993	Tony Rominger (Suisse)
1994	Richard Virenque (France)
1995	Richard Virenque (France)
1996	Richard Virenque (France)
1997	Richard Virenque (France)
1998	Christophe Rinero (France)
1999	Richard Virenque (France)
2000	Santiago Botero (Colombie)
2001	Laurent Jalabert (France)
2002	Laurent Jalabert (France)
2003	Richard Virenque (France)
2004	Richard Virenque (France)
2005	Michael Rasmussen (Danemark)
2006	Michael Rasmussen (Danemark)
2007	Mauricio Soler (Colombie)
2008	Carlos Sastre (Espagne)
2009	non attribué (**)
2010	Anthony Charteau (France)
2011	Samuel Sánchez (Espagne)

(*) Depuis 1975, le meilleur grimpeur se voit attribuer un maillot blanc à pois rouges.

(**) Franco Pellizotti (Italie), vainqueur, a été déclassé pour dopage.

Classement par points

1953	Fritz Schaer (Suisse)
1954	Ferdi Kübler (Suisse)
1955	Stan Ockers (Belgique)
1956	Stan Ockers (Belgique)
1957	Jean Forestier (France)
1958	Jean Graczyk (France)
1959	André Darrigade (France)
1960	Jean Graczyk (France)
1961	André Darrigade (France)
1962	Rudi Altig (RF Allemagne)
1963	Rik Van Looy (Belgique)
1964	Jan Janssen (Pays-Bas)
1965	Jan Janssen (Pays-Bas)
1966	Willy Planckaert (Belgique)
1967	Jan Janssen (Pays-Bas)
1968	Franco Bitossi (Italie)
1969	Eddy Merckx (Belgique)
1970	Walter Godefroot (Belgique)
1971	Eddy Merckx (Belgique)
1972	Eddy Merckx (Belgique)
1973	Herman Van Springel (Belgique)
1974	Patrick Sercu (Belgique)
1975	Rik Van Linden (Belgique)
1976	Freddy Maertens (Belgique)
1977	Jacques Esclassan (France)
1978	Freddy Maertens (Belgique)
1979	Bernard Hinault (France)
1980	Rudy Pevenage (Belgique)
1981	Freddy Maertens (Belgique)
1982	Sean Kelly (Irlande)
1983	Sean Kelly (Irlande)
1984	Frank Hoste (Belgique)
1985	Sean Kelly (Irlande)
1986	Eric Vanderaerden (Belgique)
1987	Jean-Paul van Poppel (Pays-Bas)
1988	Eddy Planckaert (Belgique)
1989	Sean Kelly (Irlande)
1990	Olaf Ludwig (RD Allemande)
1991	Djamolidine Abdoujaparov (URSS)
1992	Laurent Jalabert (France)
1993	Djamolidine Abdoujaparov (Ouzbékistan)
1994	Djamolidine Abdoujaparov (Ouzbékistan)
1995	Laurent Jalabert (France)
1996	Erik Zabel (Allemagne)
1997	Erik Zabel (Allemagne)
1998	Erik Zabel (Allemagne)
1999	Erik Zabel (Allemagne)
2000	Erik Zabel (Allemagne)
2001	Erik Zabel (Allemagne)
2002	Robbie McEwen (Australie)
2003	Baden Cooke (Australie)
2004	Robbie McEwen (Australie)
2005	Thor Hushovd (Norvège)
2006	Robbie McEwen (Australie)
2007	Tom Boonen (Belgique)
2008	Óscar Freire (Espagne)
2009	Thor Hushovd (Norvège)
2010	Alessandro Petacchi (Italie)
2011	Mark Cavendish (Royaume-Uni)

Le plus grand
Cirque du monde

Elle se sentait bien seule, la Cottereau de *La Revue sportive* qui, en 1903, était l'unique automobile à suivre la course. Enfin, quand elle le pouvait, car parfois, les coureurs allaient si « vite » qu'elle ne parvenait pas à tenir leur cadence… Et puis, évidemment, elle ne pouvait pas se trouver partout à la fois, et les tricheries – malgré une légion de volontaires placés sur le parcours pour les dénoncer – étaient monnaie courante. De peur d'être éclaboussé par un éventuel échec de ce premier Tour de France, Henri Desgrange en avait confié la direction opérationnelle à un homme seul, Géo Lefèvre, chargé d'à peu près tout : de superviser les contrôles volants comme d'établir les classements, et bien entendu, d'écrire les reportages pour les lecteurs de *L'Auto*. Autre temps…

Les représentants des médias sur le Tour, au 21e siècle, se comptent désormais par milliers : 2 500 journalistes, photographes et consultants, 1 600 techniciens ou chauffeurs, qui – comme les coureurs – se déplacent chaque jour d'une ville-étape à l'autre. Le grand cirque du Tour, ce sont également seize semi-remorques, deux cents voitures, un avion, des relais hertziens, cinq équipes de montage, et quatre cents personnes chargées de la logistique. Ce sont encore les commissaires de course, ceux chargés des contrôles anti-dopage, les juges à l'arrivée, le personnel du service médical, les motards de la Garde républicaine, les représentants des forces de l'ordre tout au long du parcours… Plus la caravane publicitaire. Même un bureau de Poste itinérant est de la partie.

L'organisation du Tour n'a pas seulement pour but d'assurer la régularité de la course, mais déjà, de la rendre possible malgré son gigantisme, dans des conditions de sécurité maximale, tant pour les coureurs, les accompagnateurs que pour les spectateurs. Et même dans un certain « confort ». Dans les villes comme dans les campagnes, en montagne comme en plaine, de jour comme de nuit. Un vrai tour de force chaque année, chaque jour, chaque minute… Et cela, c'est sans conteste, l'autre victoire du Tour de France.

En 1958, l'ascension du mont Ventoux constitue, pour la première fois, le parcours d'un contre-la-montre. Les temps sont communiqués par téléphone : Charly Gaul sera bien le meilleur.

Toujours proche des coureurs, le patron du Tour de France Jacques Goddet (en bermuda) accompagne ici, au Parc des Princes, Roger Walkowiak, vainqueur surprise de l'édition 1956.

Jacques Goddet a suivi tous les Tours qu'il a dirigés depuis sa voiture. Mais il n'a jamais rechigné à aller au plus près du peloton, comme ici en 1953, où il s'approche des coureurs, chevauchant une moto.

L'ardoisier indique aux échappés - Hupond (196), Vaugrenard (108), Ignatiev (164) et Dumoulin (123) - leur avance sur le peloton, lors de Limoges-Issoudun en 2009. Elle ne sera pas suffisante.

Entre Reims et Liège, parcours de la première étape du Tour 1956, le peloton s'est morcelé. Seul l'ardoisier sur sa moto parvient à mesurer les écarts entre les différents coureurs.

Le Tour arrive en Bretagne, terme de l'étape Angers-Saint-Brieuc (1979). Hinault veut tout voir de sa région ! Et a recours aux services du Docteur Gérard Porte, le médecin du Tour.

L'un des rares moments où un coureur peut s'accrocher à une voiture, celui où il reçoit des soins du service médical. Comme ici, Remy Di Gregorio lors de l'étape Villers-Cotterêts-Joigny, du Tour 2009.

La caravane publicitaire fait défiler depuis 1930 des véhicules insolites et même parfois incroyables, customisés pour l'occasion. Dans ce domaine, en 1952, Vitabrill, un fabricant de brillantine, n'a pas lésiné sur les moyens.

Incontournables de la caravane, les 2 CV Cochonou. En 2009, elles participent aux 45 minutes du spectacle qui précède la course. Quatre spectateurs sur dix viendraient en priorité pour la caravane.

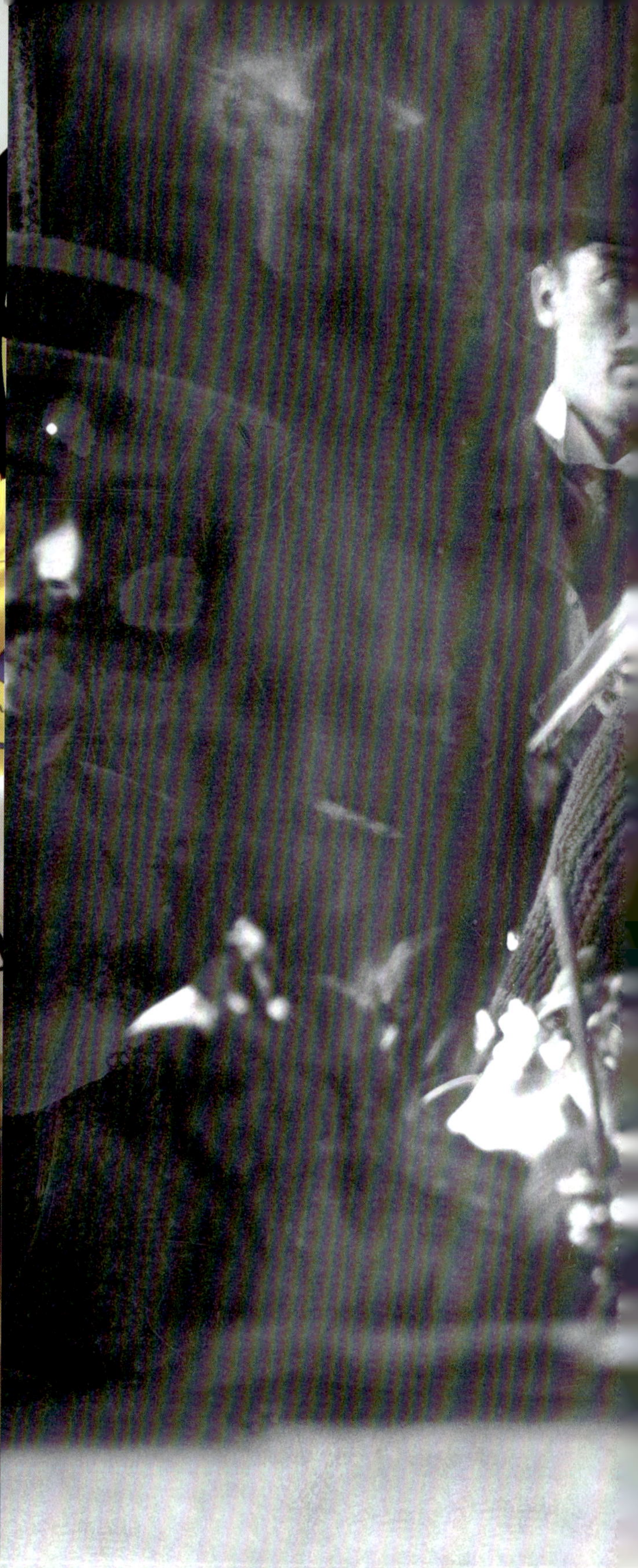

L'Ukrainien Serhiy Honchar, Maillot jaune et leader du classement par équipes avec les T Mobile, signe la feuille d'émargement de la 8e étape Saint-Méen-le-Grand - Lorient, du Tour 2006.

Le journaliste de *L'Auto* Alphonse Steinès fait signer le registre de départ au Français Émile Georget, qui terminera troisième de cette cinquième édition du Tour de France, en 1907.

Problème de matériel pour Alberto Contador, lors de l'étape
Bagnères-de-Luchon - Pau, du Tour 2010. Le mécanicien
de son équipe Astana intervient acrobatiquement en course.

Avant de pénétrer dans son pays, à l'occasion de l'étape Briançon-Aoste (Tour 1949), l'Italien Gino Sciardis fait huiler ses pignons. Un faux geste du mécanicien et c'est la chute assurée.

Escapade en Belgique pour le Tour de France 1960, dès la première étape Lille-Bruxelles. La victoire et le Maillot jaune du local Julien Schepens sont les objets principaux des communiqués.

Vainqueur de trois étapes l'année précédente, le Belge Émile Daems vit plus difficilement le Tour 1963. Il est au bord de l'abandon, suivi par la voiture-balai. Mais il tiendra bon jusqu'à Paris.

CRÉDITS PHOTOGRAPHIQUES

De 1903 à 1939 : toutes les photos sont issues de la collection Françoise et Serge LAGET, sauf les années 1914-1921-1925-1929-1930-1932-1933-1934-1939 qui proviennent de l'Agence PRESSE-SPORTS.

De 1947 à 2011 : toutes les photos sont issues de l'Agence PRESSE SPORTS et ses photographes : Bernard PAPON, Stéphane MANTEY, Frédéric MONS, Alain MOUNIC, Jérome PREVOST, Jean-Christian BIVILLE, Richard MARTIN, Pierre LABLATINIÈRE, Jean-Louis FEL, MAO, Alain LANDRAIN, Bruno FABLET, Pascal RONDEAU, Denis CLÉMENT, Jean-Claude PICHON, Jean-Marc POCHAT, Patrick BOUTROUX, Michel DESCHAMPS, Laurent ARGUEYROLLES, Franck SEGUIN, Alain DE MARTIGNAC, Pierre LAHALLE, Didier FEVRE.

Les pages Organisation : toutes les photos proviennent de l'Agence PRESSE SPORTS.

6, rue du Mail – 75002 Paris
www.victoires.com

ISBN: 978-2-8099-0797-1

Imprimé en Chine par Hengyuan printing

Dépôt légal : 4e trimestre 2012